WHY 闹脾气

正常行为

我长大了!

- 2~3岁出现,此阶段 频且正常(最初)
- 一种肯定自我独立性的尝试
- 一种表达和宣泄其挫败感的尝试

引起家长注意 → 错误的教育方式 → 改变决定

闹脾气 ← 错误回应 → 无效控制

回避义务 ← 被加强

得到所要

不良行为
- 爆发3次/周
- 次数或以上
- 15分钟以上
- 蓄意闹脾气
- 伤害自己
- 破坏物品
- 攻击他人

迁就 → 改变习惯 → 改变决定

如何正孩子的

HOW

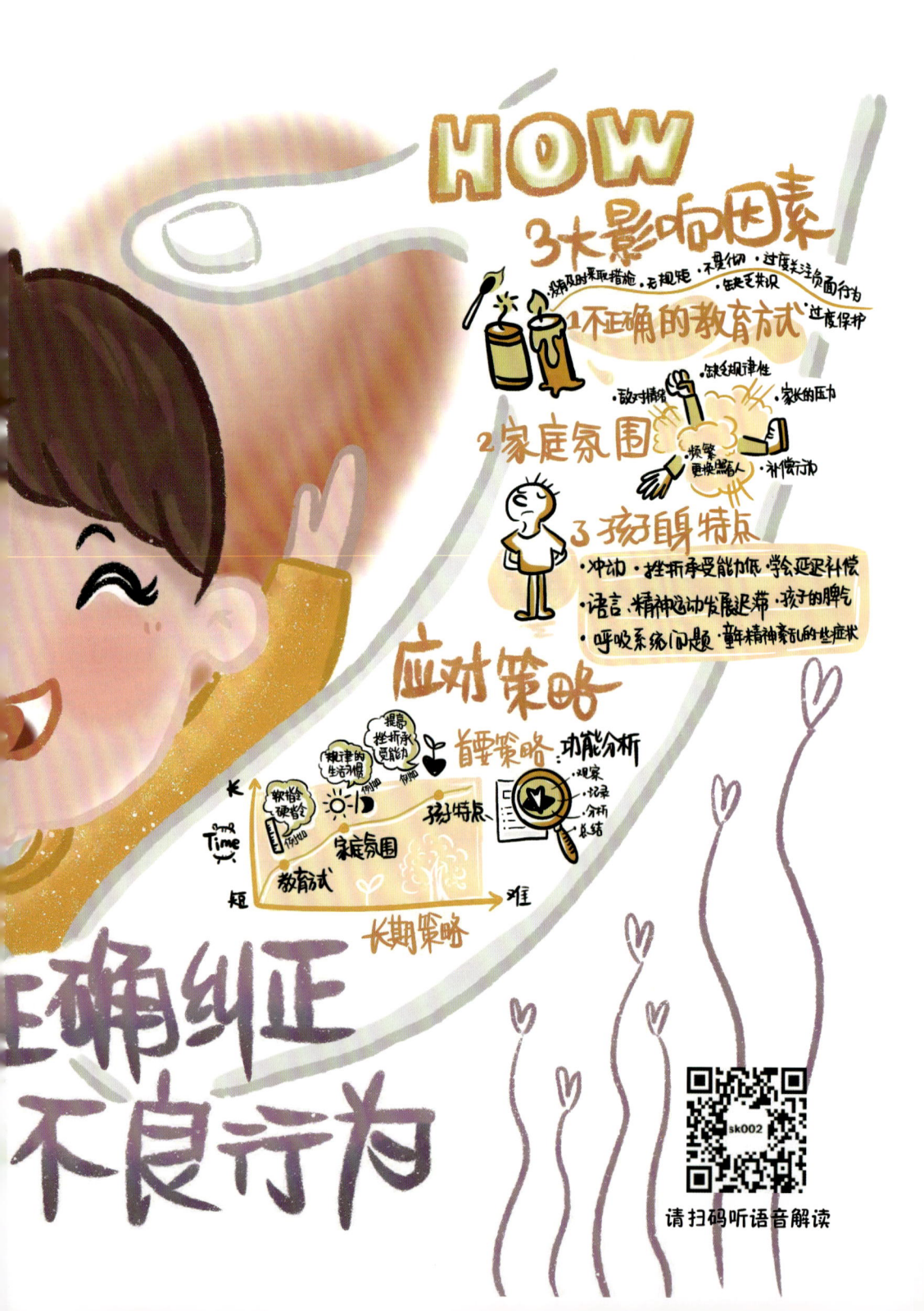

3大影响因素

1 不正确的教育方式
- 频繁的采取措施 · 无规矩 · 不贯彻 · 过度关注负面行为 · 缺乏共识 · 过度保护

2 家庭氛围
- 敌对搞砸 · 缺乏规律性 · 家长的压力
- 频繁更换照看人 · 补偿行为

3 孩子的特点
- 冲动 · 挫折承受能力低 · 学会延迟补偿
- 语言、精神运动发展迟滞 · 孩子的脾气
- 呼吸系统问题 · 童年精神紊乱的些症状

应对策略

首要策略 — 功能分析
- 观察
- 记录
- 分析
- 总结

长期策略
- 提高挫折承受能力
- 规律的生活习惯
- 软硬指令
- 教育方式
- 家庭氛围
- 孩子特点

Time 短 → 长 / 难

正确纠正不良行为

请扫码听语音解读
sk002

第二堂课

如何正确纠正孩子的不良行为

[西]赫苏斯·哈尔克·加西亚 ◎ 著 张曦 ◎ 译

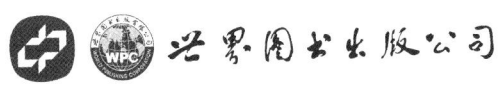

世界图书出版公司

上海·西安·北京·广州

图书在版编目（CIP）数据

解决孩子成长难题的八堂国际训练课.第二堂课：如何正确纠正孩子的不良行为／（西）赫苏斯·哈尔克·加西亚著；张曦译.—上海：上海世界图书出版公司，2020.6
　ISBN 978-7-5192-7310-1

Ⅰ.①解… Ⅱ.①赫… ②张… Ⅲ.①儿童教育-家庭教育 Ⅳ.① G782

中国版本图书馆 CIP 数据核字（2020）第 032675 号

Edition © 2018 Editorial Sol90, Barcelona
Chinese Edition © 2020 granted exclusively to Beijing Qianqiu Zhiye Publishing Co. Ltd. by Editorial Sol90, Barcelona, Spain.
www.sol90.com
All Rights Reserved.
Rights licensing arranged by Zonesbridge Agency
www.zonesbridge.com

书　　名	第二堂课·如何正确纠正孩子的不良行为
	Di-er Tang Ke · Ruhe Zhengque Jiuzheng Haizi de Buliang Xingwei
著　　者	［西］赫苏斯·哈尔克·加西亚
译　　者	张　曦
责任编辑	孙妍捷
出版发行	上海世界图书出版公司
地　　址	上海市广中路 88 号 9-10 楼
邮　　编	200083
网　　址	http://www.wpcsh.com
经　　销	新华书店
印　　刷	天津丰富彩艺印刷有限公司
开　　本	787 mm × 1092 mm　1/16
印　　张	8
字　　数	99 千字
版　　次	2020 年 6 月第 1 版　2020 年 6 月第 1 次印刷
版权登记	图字 09-2019-1129 号
书　　号	ISBN 978-7-5192-7310-1 / G · 601
定　　价	25.00 元

版权所有　翻印必究
如发现印装质量问题，请拨打售后服务电话
（010-82838515）

目录

第一章 简介
2 / 常见问题

3 / 问题行为之闹脾气

3 / 内容介绍

第二章 何为闹脾气?
6 / 闹脾气及其典型情况

7 / 闹脾气都有什么表现?何时出现?

10 / 闹脾气何时会演变为真正的问题行为?

12 / 孩子通过闹脾气能够得到什么?

13 / 为什么家长屡屡在孩子闹脾气时做出让步?

第三章 其他类似的行为
18 / 包括哪些行为?

19 / 这些行为是怎么出现和发展的?

20 / 这些行为何时会演变为真正的问题行为?

第四章　引起不良行为的条件因素

24 / 条件因素都有哪些?

25 / 第一条件因素:不正确的教育方式

30 / 第二条件因素:家庭氛围

35 / 第三条件因素:孩子自身的特点

第五章　应对孩子闹脾气的策略和技巧

40 / 导言

41 / 首要策略:功能分析

43 / 长期策略:减少风险因素

44 / 第一条长期策略:改进不当的教育方式

50 / 第二条长期策略:改善家庭氛围

53 / 第三条长期策略:改善孩子自身的特点

第六章　应对孩子闹脾气的临场技巧

58 / 导言

58 / 应对闹脾气的技巧

64 / 应对其他不良行为的技巧

65 / 当这些都不奏效时……

66 / 了解更多

第七章　家长提问

68 / 家长提问

第八章　问题集

90 / 我家孩子闹脾气是否达到了问题行为的程度？

95 / 家长在处理孩子闹脾气时的行为评估

100 / 家长教育方式评估

第九章　实际案例及解决方案

108 / 案例1：米盖尔和伊莎贝尔在公园

112 / 不同的做法引发的不同后果

113 / 案例2：到了该关电脑的时间了

119 / 不同的做法引发的不同后果

参考书目

120 / 参考书目

第一章

简 介

常见问题

在本书中,我们将探讨大多数家长从孩子3岁时就不得不面临的一个问题:如何改正孩子的不良行为。

本书的主要目的为改善家长的教育方式,同时,让家长学会处理孩子的不良行为以将之根除,并为孩子提供更恰当的行为方式。

本书将主要回答以下几类问题。

什么是闹脾气,其表现是什么?

为什么孩子会闹脾气?

为什么孩子经常在公共场合闹脾气?

孩子长大了就不闹脾气了吗?

如何应对那些不闹脾气但通过其他不良行为来回应家长的孩子?

有哪些情况或者因素会导致闹脾气行为,或者加剧这种情况?

家长该如何面对这些不良行为,从而完全杜绝其再次发生?

家长何时可以判断,孩子的闹脾气已经达到了问题行为的层面?

频繁的闹脾气是否属于一种心理问题?

什么时候需要咨询专家?这种情况家长需要咨询哪些专家?

问题行为之闹脾气

一般来讲，任何一个举止方面有问题的孩子不仅会闹脾气，也会表现出其他类似的不良行为。不可否认，这其中大部分的情况是与其他问题相关联的，但我们在本书中主要集中讨论孩子闹脾气这一问题。其实，当我们处理和解决这些问题的同时，也会对孩子的其他行为产生积极的影响。比如，我们可以改善孩子的整体行为。

内容介绍

首先为大家说明我们正在谈论的是一种怎样的行为，它是如何在孩子的成长中出现的，以及何时会演变成真正的问题行为。

随后我们将会分析哪些是导致孩子经常闹脾气的重要因素，以及其他可能出现的不良行为方式。

最后，我们会为大家推荐一些策略，以便家长能够更有效地应对孩子闹脾气的行为。

第二章

何为闹脾气?

闹脾气及其典型情况

我们来看马克斯的情况。

马克斯的妈妈做什么事都匆匆忙忙。今天下午她有一点时间去超市采购物品。4岁的马克斯陪着妈妈一起去。他们幸运地在停车场找到了一个车位,市中心总是非常难停车。现在采购接近尾声,他们推着满载物品的购物车来排队准备结账了。这时,马克斯想要收银台上的一盒糖果,然后他对妈妈说道:

"妈妈,我想要这个糖果。"

他的妈妈边往收银台上放物品边对他说:

"不行,宝贝。我们家里已经有糖果了。"

马克斯坚持要买糖果,妈妈也再次拒绝了他。这时,马克斯开始大声哭喊起来。妈妈见状放下手里的东西试图给他讲道理:

"孩子,你别这样。不能你要什么我们就给你买什么,而且你看,我们已经买了巧克力,还有冰激凌……"

但是马克斯并不理睬,继续哭喊着,还用脚踢购物车。妈妈为了避免这种情况已经给他买了巧克力,然后还买了一根他最喜欢的卡通人物的雪糕给他。

此时,妈妈看着周围队伍里有那么多人,开始感到丢人,并且担心这些排队的人看到这一幕会如何评价。

面对妈妈的被动,马克斯故意提高音量大喊道:

"我要吃糖果!"

他边喊边踢蹬购物车,然后干脆躺在地上哭闹。妈妈再也忍不了了，抓起了收银台上的糖果递给了她的儿子。队伍又恢复了平静。孩子也拭去了眼泪，他得到了自己想要的糖果。他的闹脾气战术再一次奏效了。

我们刚刚所看到的关于马克斯的案例就是典型的闹脾气的场景。

闹脾气都有什么表现？何时出现？

闹脾气主要表现为喊叫、哭闹、脚踢、躺在地上或者跺脚，这些表现都源于孩子提出的要求遭到了家长的拒绝、家长没有遂他的愿，或源于孩子的任性。

这种场景经常以家长呵斥孩子、对其恶语相向，甚至孩子伤害自己收尾。

2岁左右的孩子耍性子闹脾气是很常见的。但是如果没有得到恰当的处理，这个行为可能伴随孩子整个童年，尤其是3到6岁这段时间，从而演变成真正的问题行为。

出现闹脾气行为主要有两方面因素，我们来看下面的案例。

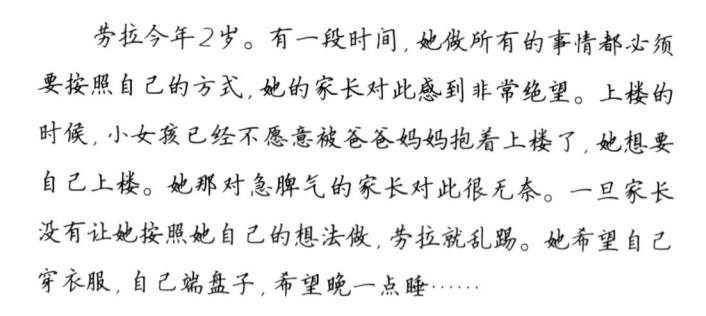

> 劳拉今年2岁。有一段时间，她做所有的事情都必须要按照自己的方式，她的家长对此感到非常绝望。上楼的时候，小女孩已经不愿意被爸爸妈妈抱着上楼了，她想要自己上楼。她那对急脾气的家长对此很无奈。一旦家长没有让她按照她自己的想法做，劳拉就乱踢。她希望自己穿衣服，自己端盘子，希望晚一点睡……

这个年龄段的孩子已经开始形成独立人格和自主性，而且希望在家长面前保持自我。就好像想要告诉家长，他们已经不再是小宝宝了，已经有能力按自己的方式处理事情了。

很多孩子确实是从这个年龄开始说："我自己来。"

孩子在这个年龄开始获得自主性。他们已经可以行走和自由移动了，也越来越不那么依赖家长了。所以说，最初的闹脾气其实是一种不太恰当的自我肯定。

现在我们来看看大卫的情况。

大卫现在2岁多一点，说话还不太清楚。最近他经常闹脾气，这件事引起了他家长的注意。当家长给他的不是他想要的东西的时候，或者在公园里玩耍后到了该回家的时候，他都闹脾气。有一次，他只是因为没能安装好一个玩具就大发脾气。

闹脾气是这个年龄段的孩子常采取的一种最简单的用来表达挫败感的方式。尤其是当他遭到了反对，或者家长替他做了与他意愿相悖的决定时，就会出现这种现象。

我们成年人对于自己的感情具备一定的自控能力，同时我们也有其他宣泄挫败感的方式。尤其是我们可以通过语言来顺利地表达我们的感受和意愿。

通过语言。

而这个年龄段的小孩子对于他们的情感缺乏足够的自控力，同时尚不具备完善的语言来表达他们喜欢的是什么，他们想要其他什么东西，或者他们不乐意做某件事。因此，尽管闹脾气不是一种得当的方式，但也是属于孩子的一种沟通方式。

正如我们所见，孩子闹脾气可以说是常有的事。但是当家长对此的处理方式不得当时，这种看似正常的行为就会从强度、频率和持续性这些维度演变成孩子童年时期的问题行为。

闹脾气何时会演变为真正的问题行为？

让我们回到马克斯在超市里闹脾气的那个案例，我们可以证实，他的行为其实不只是因为他妈妈不给他买糖果而为此宣泄情绪那么简单。实际上，闹脾气可以帮他达到他的目的——获得一盒糖果。马克斯很可能已经从以往的经验中判断出，就算妈妈开始会拒绝，但是最终一定会因为他闹脾气而改变主意的。

这就是我们刚才所说的，当家长处理孩子闹脾气的问题不得当时，"闹脾气"这种行为本身就会变成一个对孩子来说非常有效的策略，孩子通过这个策略能够获得那些他想要得到的东西，或者逃避他应尽的义务。

当孩子根据经验学会一种行为（起初是自发性的行为）可以吸引大人的注意并且尤其能够改变大人的决定时，他就会把这个原本自发的行为当作一个策略来使用。

一个孩子很可能早在2岁前就通过类似"闹脾气"的行为深谙这个策略了。比如，2岁前的孩子就已经明白，他的哭声在某种程度上可以左右其家长的行为。

随着这个策略对孩子越来越有效，"闹脾气"这种问题行为不仅不会在4到6岁间消失，反而会加重，变得越来越频繁并且更难以根除。

家长需要明确的是，孩子生气或者不悦是完全可以接受的，但是闹脾气不可以。因为这意味着一种失控，也意味着一种孩子对行为的操控，而这种操控可能会在将来转变成一种不正常的控制欲。因此，家长应该教给孩子其他更为正确和有效的宣泄挫败感的方式。

孩子几乎总是当着熟人的面闹脾气，比如，他的家长、爷爷奶奶或者其他监护人。当孩子一个人或在陌生人面前，他几乎从不会闹脾气。

孩子通过闹脾气能够得到什么？

闹脾气能够帮孩子得到很重要的东西，比如：立刻吸引对他来讲重要的人的注意力。跟大家一样，孩子也需要别人的关注，需要别人的照顾。但是，闹脾气是一种不恰当的，也是不可取的吸引注意力的方式。

当家长的应对方式不当时，孩子闹脾气这种行为就会得到固化。家长不当的处理方式从两个方面加强了孩子的这种行为：一方面，孩子得到了家长特别且立即的关注；另一方面，孩子也得到了他想要的东西。

可以说任何地点都适合孩子闹脾气，比如：在家中、在商场里、在大街上、在餐馆中，以及当家里有客人的时候。这种现象总是会出现，首先是因为孩子在这些场合会见到新鲜事物，而这些新鲜事物会吸引孩子的注意，以至于孩子往往最终任性地想要得到这些东西。

此外，孩子们还发现家长对他们在这些地点喊叫格外敏感，尤其是当有其他旁观者时,这种情况下他们的家长往往会满足他们的意愿以换取他们停止哭闹。

为什么家长屡屡在孩子闹脾气时做出让步?

家长在面对孩子哭闹时让步的原因有很多。我们会在后面条件因素这部分为大家详细地说明。但是究其根本还是离不开一些错误的态度。一般来说,家长在做出让步的时候不会想到其实这样只会让问题变得更严重。

首先,为了尽快消除由于孩子吵闹所造成的烦扰,家长往往选择让步。就比如马克斯的妈妈给他买了糖果之后,他就不再闹了。

特别是当家长感到疲惫或压力重重的时候更容易出现这种反应。这时候他们越发无心与孩子纠缠，往往会直接做出让步以便让孩子安静下来。

有些时候，尤其是在公共场合，家长碍于面子或忌惮周围旁观的人，往往也会做出让步。

或者另外一些时候，家长为了不惹恼在场的家人或者朋友也会无奈地接受孩子的要求。而这些家人或者朋友在这种情况下也往往会替孩子说好话，由着孩子的性子来。

又或者有些时候，家长这么做仅仅是因为他们不知道除了做出让步之外还能做些什么。有不少人都认为不让步就等于让孩子无谓地受罪，或者其他人也认为让孩子因为这么一点不重要的事情遭受挫折是没必要的。

无论在上述哪种情况下，家长都不曾意识到他们的这种回应从长期来看往往只会让事情变得更糟。因为他们的让步就是鼓励孩子通过这种方式来吸引注意力和得其所好。

最后，值得注意的是，儿童闹脾气的行为往往会伴有一系列更严重的少儿紊乱症，比如：缺乏注意力、多动症、睡眠障碍、自闭症，以及其他儿童发育过程中常见的紊乱症和严重的智力发育滞后。

在一些情况下，闹脾气是更为复杂的行为框架的一部分，因此，家长需要特别关注。

总 结

总之，孩子在2岁或3岁时会出现闹脾气这种行为，其最初是一种孩子肯定自我独立性的方式，也是一种他们表达和宣泄其挫败感的方式。所以这个年龄段的孩子闹脾气是很正常的。

然而，孩子往往会利用这种行为来引起家长的注意，闹脾气也就随之变成了孩子的策略。而这种策略的效果却时常因家长错误的回应而得到加强，孩子通过这种方式越来越能得到他想要的，回避自己的义务并且最终改变家长那些令自己不悦的决定。这时，闹脾气就会逐渐演变为一个不良的问题行为。

第三章

其他类似的行为

包括哪些行为？

我们来看宝拉的情况。

宝拉11岁了。她的妈妈说她最近非常叛逆，每当拒绝她的要求或者要求她做不喜欢的事时，她就发怒，而且变得越来越频繁且愈演愈烈了。妈妈说已经无法跟她好好讲话了，两个人一见面就会吵架。

她们之间最近的一次争执发生在今天下午。宝拉近来一直缠着她的家长给她买一部手机，但是她的家长并没有答应。

"我为什么不能有一部手机？"宝拉朝妈妈大喊道。

"因为你并不需要它，而且手机很贵。"妈妈战战兢兢地答道，她担心即将到来的"暴风雨"。

"谁说我不需要手机……你又怎么会知道我需要什么？"宝拉生气地回答说。

"你真笨，你什么都不知道！我的朋友们都有手机，我是班里唯一一个没有手机的学生。而且，你们只在乎钱。你们活着就是为了省钱。你们就是什么也不懂的'老古董'。反正我也知道你们不在乎我……"

她的妈妈，此时已经无可奈何了，眼看无法继续沟通下去了，眼里含着泪水夺门而出。

到了晚上，当她的丈夫回来后，她说服了丈夫，两个人最终决定给女儿买一部手机。

通常来讲，孩子到了7岁或者8岁的时候就会慢慢不再像小时候那样闹脾气了。但是，孩子依然可能会以错误的方式向家长表达挫败感。

在这个年龄，闹脾气往往会发展成带有相同目的的其他类似行为方式：表达挫败感，以及改变家长做出的那些令他不高兴的决定，就像上面宝拉的案例那样。

当我们谈到其他类似的行为时，指的是那些同样用来宣泄挫败感和表现各异的不良行为方式，其目的也与上文描述的闹脾气的目的一致。

这些行为包括：愤怒地抱怨、不好好回应家长的要求、大声喊叫、爆粗口、诋毁，甚至辱骂。这些行为在小孩子身上偶尔出现，尤其是在9岁以后更为频繁，也可能从12岁开始加剧并且贯穿整个青春期。

这些行为是怎么出现和发展的？

上述行为一般出现在10到11岁相对安静的孩子身上，作为一种自我肯定的方式，被用来表达自己不再是小孩了。正如之前我们在分析"闹脾气"这个现象时所讲的那样，孩子出现这种情况是为了告诉家长他已经不再是个小孩子了。

另外，上述行为也可能是由小时候闹脾气这类不良行为演化而来的，随着孩子长大逐渐取代了撒泼打滚这几类行为。无论在哪种情况下，家长都应明确了解这是一种用来表达挫败感的不良的行为方式。

这些行为与闹脾气的相似之处

与闹脾气相似，孩子们依然能够学会利用这类行为作为获取所喜欢事物的策略。当孩子利用这些行为最终改变了家长最初的决定或者使家长迁就他的时候，除了能获得自己想要的事物之外，他们同时很可能已经学会了怎么使用这个策略。

家长向这类行为妥协的原因和对待孩子闹脾气时的原因一样。然而，对于这个年龄段的孩子，如若家长不及时采取相应的措施，他们操控和欺压家长的能力要远远强于小孩子。

这些行为何时会演变为真正的问题行为？

正如我们在上文所说的，闹脾气这种行为通常发生在2到3岁的孩子中。所以，这种行为的出现可以理解为正常，因为这个年龄段的孩子尚不能与人正确地沟通，也无法控制自己的情绪。

通常来讲，上述这些行为发生在以下情况中就真正称得上是问题了。

经常性地改变家长的决定并回避自己的责任。

家长开始因迁就孩子而改变自己的习惯：因为怕孩子闹脾气，不再带孩子去购物商场或者其他公共场合，或者家中停止接待客人……

孩子闹脾气的频率一天3次或以上，每次为15分钟或以上。

孩子在学校也闹脾气。通常，在学校中，孩子会比较容易控制自己。此外，闹脾气已不仅是一个用来获得其所好的方式。

孩子闹脾气时出现：损坏贵重物品、攻击其他小朋友或者大人，或者伤害自己。

孩子闹脾气时同时伴有其他问题，如睡眠障碍、学习障碍或者社交障碍。

我们判断孩子遇到严重问题的关键因素有：
严重损害了与其家长、兄弟姐妹、其他亲属和其他孩子的关系；
严重影响其学习；
出现了与其正常情绪相悖的严重的不适情绪。

在这种情况下，家长通过配合专家的诊断，加强更为系统性的干预才能帮助孩子解决此类问题。

第四章

引起不良行为的条件因素

条件因素都有哪些？

本章我们主要讨论的内容，在专业术语中称为"风险因素"。这些因素会经常导致闹脾气和其他类似行为的发生，上述行为会在一段时间内持续，且对有效的治疗（处理）具有一定抵抗性。

本章十分的重要，因为我们在这里不仅要告诉大家什么因素会影响或导致那些不良行为，还要让家长从中学到长期且最有效的应对方式，即减少目前所有情况下的风险因素。

存在一些因素使孩子闹脾气或者做出其他不良举动变成孩子的一种策略，这可能会导致孩子更爱闹脾气，而且每次闹脾气的时间也会持续更久。这些因素如下：

教育水平不足；

家庭氛围的一些特点；

孩子的一些个人因素。

在本章我们能够证实，这几项条件因素是紧密相连的。

某种家庭氛围会导致家长采取不正确的教育方式，而不正确的教育方式又会影响孩子的性格特点。

接下来，我们将系统地为家长介绍上述这些影响孩子不良行为出现和养成的条件因素。

第一条件因素：不正确的教育方式

什么是教育方式？

这里提及的教育方式，指的是那些家长日常用来教育子女的策略、方法或者技巧。

通常，家长都是在无意识地采取或者使用这些教育方式。每位家长都有他们自己教育孩子的方法，这就是他们的教育方式。

很多情况下，在不经意中，家长已经采取了错误的教育方式，并且这会让事情变得更糟。

比如在孩子闹脾气，以及有其他不良举止的情况下，家长不恰当的教育方式是导致这些行为加剧的主要因素，此外，错误的教育方式，也会促使那些细小的行为演变成真正的问题行为。

哪些不当的教育手段会导致孩子闹脾气？

在本节，我们会认识那些在家长当中最常见且最重要的错误的教育方式，以及它们是如何导致那些不良行为出现的。

第一条常见的错误教育方式就是思想上的不贯彻。

家长刚刚决定"不同意"，但最后又改口"好吧"。这正是在马克斯的案例中出现的情况，他的妈妈起初不同意给他买糖果，但是最终还是买给了他。

如果孩子习惯了通过闹脾气就可以将家长开始的"不"一而再，再而三地变成"好吧"，那么在下一次家长拒绝孩子的要求时，毫无疑问孩子一定会故技重施。长此以往，孩子就会把家长所说的"不"实际理解为"不一定""也许吧"或者"好吧"。

可见，不贯彻自己说的话是家长最常用的错误教育方式，而这个行为也是最易"帮助"孩子养成闹脾气的坏习惯的。

第二条错误的教育方式对于孩子来说是界限和规矩很不明确，或者在某些情况下，根本不存在这些规矩。

换句话说，因为这些规矩并不是客观的，而是取决于家长那一刻的心情或者脾气。

第一天还允许孩子在睡前把所有玩具都翻出来，第二天就不让了。这种态度其实就是完全取决于家长那时的心情好坏。

孩子应当知道界限是什么，并且对于孩子来说这些界限应当是同样客观的。这并不影响家长偶尔"法外开恩"给孩子些小例外，但是这些"小例外"只能是例外。

基于上述情况，接下来的**第三条错误的教育方式即孩子越界的时候家长没有及时采取措施。**

如果孩子没有遵守规矩，家长就不可以当作什么都没发生过一样。如果总是这样的话，孩子就会认为规矩只不过是个参考标准，不遵守规矩也不会带来什么后果。

我们回想一下宝拉的案例。如果妈妈没有采取正确的措施来处理女儿的错误言行，那下一次当她再次拒绝孩子的要求时，宝拉还是会用同样的话来回应。

第四条错误的教育方式就是家长不执行自己决定的措施。

如果孩子频繁地违反家长制订的规矩，他慢慢就会了解到他的不良行为是没有任何犯错成本的。

家长不实行自己跟孩子定下的惩罚措施，因为他们往往是在恼怒之下想出的这些措施。所以，当他们冷静地思考过这些措施的时候，往往就会"自己打自己的脸"。

再举个例子，在被孩子惹得非常生气的时候，家长可能会决定停掉他一周的电视节目。然而，当他们冷静下来的时候，就会发现这个法子不仅有点过激外，也不太可行。

第五条错误的教育方式是没有恒心。

有时，家长总是不懂得持之以恒，时而就会放松警惕。这样的话，孩子最终还是会以为家长常说的所谓的规矩就算不遵守也不会有事的。所以，孩子就会冒险去尝试破坏规矩。此外，孩子还能学会分辨家长何时是最脆弱的，比如：当他们疲惫的时候，有急事的时候……就很容易妥协。

第六条错误的教育方式是不以身作则。

无论家长是否愿意，在孩子很小的时候他们就已经是孩子的行为模范了。家长永远是孩子最好的榜样，因为我们可以肯定孩子的行为准则即"爸妈做的就是对的，这就是我应该做的"。

有时，家长在一些重要的场合也会闹脾气。比如，豪尔赫的父亲是一名狂热的足球迷，每当他收看电视比赛的时候就变成另外一个人：大声喊叫、爆粗口并且躺在地上……

第七条错误的教育方式是相比孩子的正面行为，家长太过关注孩子的负面行为。

我们发现，有时，孩子发脾气是为了引起家长的关注。

所以，家长很容易总盯着孩子的这些负面行为不放，比如闹脾气，而不是更多地去关注孩子的正面行为，也不对此做出评价。这样一来，孩子就会认为只有在他表现不好的时候才能得到家长的关注。

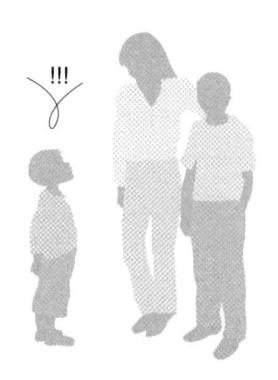

第八条常见的错误教育方式是家长间缺乏共识。

有时，家长之间无法达成一致，孩子会察觉到这点并加以利用。家长之间缺乏共识体现在很多方面，比如：包庇孩子、持有不同的规矩和理论、互相唱反调、当面驳斥对方等。

第九条常见的错误教育方式是对孩子过度保护。

当家长过度地宠爱子女时，就会想要帮他们避免任何不顺的事或者任何不愉快的经历，并满足其所有突如其来的愿望。其实，这样的教育方式会导致孩子几乎无法容忍和承受任何挫败。在接下来的案例中我们会看到，这是一个会导致孩子闹脾气和其他不良行为爆发的个人因素。

> 什么都答应。

现在我们来总结一下在本节介绍过的几个错误的教育方式：

不贯彻自己的思想；

缺乏具体、明确的界限和规矩；

在孩子不守规矩时家长没有及时采取措施；

家长制订的措施到最后没有执行；

家长缺乏恒心；

家长没有以身作则；

相比正面行为，家长过于关注孩子的负面行为；

家长之间缺乏共识；

过度保护子女。

以上论述的错误的教育方式就是可能导致孩子时常闹脾气或者做出其他不良举动，并最终演化为问题行为的风险因素。

第二条件因素：家庭氛围

讲完错误的教育方式后，接下来我们来了解一些家庭氛围的特点，这些特点也是导致孩子出现问题行为的诱因。

通常影响孩子的家庭氛围的一些特点
家庭氛围因素一

首先第一个家庭氛围的因素就是孩子的生活中缺少规律。这一点也往往是很多孩子产生问题行为的原因之一。

规律的生活对于孩子的均衡发展是非常积极有益的。如同成年人一样，孩子面对频繁的变化时也往往感到非常难受。此外，与孩子不同，成年人更具备未雨绸缪的能力，而孩子则只能被动地去面对这些突如其来的改变。

詹姆的生活就是一个很生动的例子。

> 詹姆5岁了。他的妈妈经常轮班，爸爸总是出差，所以詹姆每天的生活非常不规律。外公外婆或者爷爷奶奶中的一方轮流负责照料他一周。小詹姆每周都会在不同的地方生活，在不同的床上睡觉，吃不同口味的食物。这期间每天都是由很爱他的人来照料他，但是所有的事物每周都会更换一次。

缺乏规律性意味着一个人通常不会在同样的地点和时间以同一种方式做某件事。在方式、地点、时间和人物这几个因素中，任何一个改变都属于缺乏规律性。

频繁的变化会让孩子的情绪变得不稳定，给他们带来强烈的压迫感，并削减他们在挫折面前的忍耐力和坚强程度。这就可能导致孩子比同龄人提前表现出闹脾气这类不良行为。

家庭氛围因素二

家长的压力也属于与家庭氛围相关的风险因素。压力是一种当我们无法应对周边情况时所产生的无力感。

当一个人活在压力之下，会有这样一种印象，自己做事情很赶，总是来去匆匆，而尽管如此，却也总不能按时完成某事或者抵达某地。自己付出的努力和辛勤劳动却总是换来重要事宜仍未完成的境地。

压力不仅能够影响家长自身的心理健康，还会从两个方面影响到对孩子的教育：一方面，紧张感能够扰乱原有的家庭氛围；另一方面，它还会导致家长采用我们在上面指出的那些错误的教育方法。

同时，压力影响家庭氛围的另一个原因是它增加了家中的混乱感。

这时人就会变得更敏感、更缺乏耐心，压力也会提前爆发，所以大喊和暴怒会比平常出现得更频繁。

此外，此时人会更加无法容忍别人的错误，对别人的亲切感也会减少，并且往往没有一点时间和欲望去聆听别人。

压力会导致家长采取错误的教育方法，因为他们此时是非常脆弱的。就算那些措施和方法是错误的，家长还是会在孩子施加的压力和需求面前让步以换取片刻的宁静。

压力也会导致家长在生气的时候不经思索就采取措施。所以，这些措施很多是不恰当的，并且从事后来看，他们自己都无法执行这些头脑一热就决定的措施。

实际上，有些承受着压力的家长根本不具备无论在任何条件下都能采取正确的措施去教育他们的孩子的能力，当然更不能指望这些措施能够被逐一执行。

家庭氛围因素三

当家长忙于工作而疏于陪伴他们的孩子时，会采取错误的方式来补偿孩子。

他们尝试用物质礼物来补偿他们没有时间来陪伴孩子,也会在孩子的任性面前再三让步,放宽对孩子的要求或者降低底线,无论这样做是否正确。

> 索里娅的家长总是很忙,因此他们不能给予10岁女儿应有的陪伴。然而,索里娅知道她的家长很少拒绝她的要求。因为她的爸爸妈妈总说:"既然我们不能如我们所愿一直陪在闺女的身旁,至少希望她什么都不缺。"

所以我们可以轻易地得出结论,这些补偿行为意味着家长在孩子哭闹面前很快就会做出让步。他们此时抱着补偿孩子其他缺憾的想法,但实际上只是在帮助孩子巩固其不正确的行为策略而已。

家庭氛围因素四

频繁地更换孩子的照料者或者在孩子的日常生活中出现多位照料者也是一个风险因素。

这是那些由父母和其他家人照料的孩子们的情况,除了父母外,照料者一般是爷爷奶奶、外公外婆或者保姆。在这种情况下很难保持一种统一的教育方式。实际上每一个照料孩子的人都会选择他认为最适当的那个方法来教育孩子。

另外一些时候,这些照料孩子的人并没有教育孩子的实权。他们只是被请来照看孩子的。所以，这些人缺少来自孩子父母的支持去给孩子设立规矩和划定界限。

还有些时候，为了赢得孩子的亲近，那些照料孩子的人会满足孩子的各种要求，即便是一些对教育孩子毫无帮助的要求。

在上述这些情况下，孩子最终会学着通过他的行为来轻而易举地向那些照料他的人索要物品，并总能得到他想要的。

家庭氛围因素五

亲兄弟姐妹间的敌意和嫉妒心也是增加孩子闹脾气及其他类似不良行为发生的频率和强度的另外一个风险因素。

家庭氛围因素六

诸如抑郁、服用毒品,以及有家庭暴力行为的这类家长,他们可能存在的特殊情况也是导致孩子表现出这些不良行为的高风险因素。

家庭氛围特点的总结

在第二点中我们主要审视了家庭氛围是从哪些方面构成孩子不良行为的条件因素的。其具体如下:

孩子的生活缺乏规律性;

家长的压力;

疏于陪伴孩子的家长对于孩子的补偿行为不当;

频繁更换照看孩子的人;

兄弟姐妹间的嫉妒心和敌对情绪;

家长的特殊情况。

第三条件因素:孩子自身的特点

第三个可以导致孩子不良行为及哭闹发生的因素是孩子的一些自身特点或者境况。

下面,我们来看看都有哪些特点影响着孩子的不良行为并分析一下原因。

时常对孩子产生影响的那些特点

第一个来自孩子的非常重要的特点在我们专业领域被称为"挫折承受能力"。

挫败感是当一个愿望或者期望没有达成时所产生的一种消极的感受。挫折承受能力是吸收和驾驭这种感受的能力,以便不让其达到爆发的程度或者使其能够控制自己的情绪。

能够促使孩子或者大人在挫败面前爆发的情绪主要有愤怒、懊恼、悲伤或者被迫放弃追求的目标。

如果一个孩子遭遇了小逆境且产生挫败感，那么他对挫败具备比较低的忍受能力。相反，具备较强的挫折承受能力的人能够承受那些不顺，且不会让这种挫败感淹没自己或者为此而放弃他的目标。

挫折承受能力低的孩子往往是那些连一个"不"都无法接受的人，更别说小的挫折了。比如，没给他放他最爱的节目，又或者午餐并不是他喜欢吃的……而且，这类孩子无法理解失败。

因为对不如意的事情的承受能力过低，这些孩子都倾向于表现出恼怒、闹脾气，以及其他不良行为。而挫折，就是这些行为的诱因。

另外一个与我们在此分析的行为密不可分的因素是延迟满足的能力。该能力也跟前面所述的能力相关。

延迟满足是指孩子并不能总是立即得到他想要的东西，通常都需要等待一段时间方可获得；另外一些时候孩子则需要做出一些努力来得到他想要的。

那些不愿等待的孩子，那些立刻就想得到东西的孩子或者那些很难在一段时间内通过努力来获得自己想要物品的孩子，也是易于闹脾气或者表现出其他不良行为的孩子。

冲动，一种在行动之时难以思考的行为方式，也是导致我们所讨论的孩子具有这些不良行为的一个性格特点因素。

冲动的反面是"停下来，思考，行动"。通常冲动的孩子更常表现出闹脾气或者其他不良的举止。

孩子的脾气秉性也与这些不良行为举止的出现和持续有关。

我们可以认为，孩子的脾气是人性里天生的一部分，它取决于基因或者其他生理上的变量。它与孩子的性格形成鲜明的对比。性格是孩子在成长过程中由于不同的教育和经历而逐渐形成的。

所以，在同一个家庭里，可能同时有一个文静、有礼的孩子和一个焦虑、紧张的孩子。一个很保守，而另外一个非常外向……

脾气倔强且固执的孩子更容易表现出不良举止或者闹脾气等行为。平日里本就很紧张的他们，习惯于冲动行事，然后事后又后悔。

语言发展迟滞的孩子往往也容易出现这类问题行为。很可能是语言交流的障碍增加了他们的挫败感，并导致那些不良的行为过早地暴露出来。

还存在着其他种类的困难，它们均与上述的问题行为和闹脾气相关。这些困难通常与精神运动方面的问题有关。

上述问题往往通过某种程度的运动笨拙表现出来，也可能表现为身体协调程度低于其年龄预期值。很多3到6岁的伴有问题行为的孩子都有某种精神运动发展迟滞的问题。

一些伴有呼吸系统问题的孩子也会产生问题行为，比如患有支气管炎或者支气管哮喘的孩子们。呼吸问题往往与睡眠障碍有关。而这些问题时常会使孩子更易闹脾气，从而导致问题行为。

最后，如果一些孩子童年的精神紊乱症状得不到有效的治疗，这也会导致频发的闹脾气或者不良行为。大家最熟悉的情况是注意缺陷多动障碍、自闭症和智力障碍。

孩子自身特点总结

我们已经看过了第三组导致孩子问题行为的因素，即孩子自身的特点。

下面我们来总结一下：

承受挫折的能力；

延迟满足的能力；

冲动；

孩子的脾气；

语言和精神运动发展迟滞问题；

呼吸系统问题；

童年精神紊乱的一些症状。

第五章

应对孩子闹脾气的策略和技巧

导言

家长应当正视孩子的问题行为，不仅仅是因为这些问题让人厌烦甚至让人无法忍受，而且最主要的是教育层面的原因。

无论闹脾气还是我们在前面提到的那些其他不良行为都属于一种不正确的行为方式，它们既无法帮助孩子面对挫折，也不能使孩子们免于他们应尽的义务。

通过本章介绍的策略，我们一方面力求能够根除那些被孩子利用来左右家长决定的不良行为，另一方面也希望教给孩子们一些替代性的正确做法。"想做好一件事就必须成就另外一件事"，这点非常重要。当您在根除一个不良行为的同时，一定要教给孩子另外一个正确的方式。只有当您教会孩子那个大家都可以接受的正确方式时，才能够减少孩子闹脾气的情况。

接下来我们会分为三部分展开来讲：

第一部分我们先分析一下具体的情形。如此，我们便可以在每一个特定的阶段找出问题所在。

第二部分我们会针对性地提出一些技巧和策略，帮助家长有效减少或控制那些导致孩子出现不良行为的风险因素。

最后，如果上述办法收效甚微或那些不良行为仍得不到改善，那么我们就需要采取一系列别的措施了。

如果前面的建议都不奏效的话，我们会提供给家长一些措施，集中指导家长如何寻求各种专家们的帮助。

首要策略：功能分析

首先，家长需要做的是记录并分析孩子都是在什么情况下开始闹脾气的。在专业领域我们称这个技术为"功能分析"。

功能分析旨在帮助我们认清孩子在闹脾气前发生了什么，是什么因素使得孩子失控，或者是什么因素影响了孩子。我们通常称这些方面为前提。

其次，我们应该思考孩子闹脾气这个情况本身。孩子闹脾气时都有什么表现？持续多长时间？这段时间孩子说了些什么？如果闹得很厉害，家长当时有什么感受？家长是怎么应对的？他们做了什么？他们又说了什么？……

最后，我们再观察孩子在闹过脾气后会发生什么？孩子和家长是怎样安静下来的？而家长这时又说了些什么？当然，最重要的是孩子闹脾气造成了什么后果？他是否达到了目的？

前提可能包含了很多不同的因素，比如：导致孩子发脾气的情况、地点、那些目击者们、一天当中的时刻、孩子的情绪和健康状况，以及家长的情绪和健康状况。

功能分析的步骤主要包括：首先记录下发生的事情，然后对其加以分析。整个过程实践起来要比看起来简单得多。

记录的时候，家长应该尽量记下孩子闹脾气前、中、后发生的事情。

下面我们来对马克斯的情况进行分析。为此，我们先来分析一下前提。这个案例的前提有很多，比如：马克斯和他的妈妈在一家超市；孩子坚持要买零食；他的妈妈当时比较着急；在冰激凌和巧克力区域，马克斯已经出现过类似的情况并且得到了他想要的；他的妈妈到了收银台，当着那么多人的面无法逃避；他妈妈和他之间的紧张关系吸引了当时队伍中很多人的注意。当马克斯一再坚持，而妈妈还是拒绝给他买糖果时，马克斯便开始闹脾气了。

到了下一个阶段，也就是马克斯在发脾气的时候，妈妈尝试跟马克斯对话并给他讲道理。而他却用不断地喊叫和脚踢购物车来回应。妈妈当时感到非常羞愧，她认为其他人应该会说些闲话。马克斯这边则因为妈妈没有进一步地回应而变本加厉，甚至躺在地上。最终，妈妈无法继续忍受，然后妥协了。

大闹之后，事态得到了平息，马克斯也得到了他想要的糖果。

家长在两周或更短的时间内系统地将孩子闹脾气的这3个阶段记录下来之后，就足以开展功能分析的下一步了。

第二部分，即数据分析阶段，从了解孩子哭闹前、中、后这3个阶段的情况记录开始。在这个过程中家长很可能会发现一系列相互吻合的因素。

比如，家长会发现一系列的情况都会导致孩子闹脾气：购物时、孩子很疲惫的时候、家长很着急的时候……家长也会发现事态总会按照相同的模式发展。孩子开始哭时，家长不让步。孩子的哭闹加剧，然后家长感到无可奈何，最后屈服。家长也可以看到一些后果，比如：孩子最后是否会达到某种于他有利的目的。

功能分析是一种非常简便有用的策略，它可以帮助家长发现孩子在哭闹或者类似行为中的频繁重复的变量。同时它也为家长指明了能够预防的，以及那些应该改正的方方面面。

长期策略：减少风险因素

在功能分析之后，第二个应对孩子闹脾气的策略就是纠正他们，减少或者避免我们在前文所述的那些风险因素。我们指的是那些不正确的教育方式、一些家庭氛围的特点，以及孩子自身的特点。

我们称上述策略为长期策略，原因有两方面：这个策略的实施所需要的空间，以及证明其积极效果所需的时间。实际上这些策略正是真正可以将前文所述的不良行为有效根除的灵丹妙药。

减少风险因素的确是治疗这些不良行为的最好方法。因此家长在控制孩子的行为时应给予这方面更多的关注。

3个风险因素中，最容易被我们控制的就是不正确的教育方式这一项，因为这直接取决于家长的行动。其次是家庭氛围的因素，最后是孩子自身的因素，因为家长会在介入这部分的时候遇到更多的难题。

家长介入工作的第一步是家长双方分别审视一下自家孩子都吻合哪些风险因素。接下来就是优先处理那些最易导致孩子闹脾气的风险因素了。

如果家长发现相吻合的因素非常的多，最好开始时只着手处理其中的一些。这时候家长要现实一点，最好是处理两个因素，一个难的，一个稍简单些的，但要时刻客观地从实际出发选择那些自己能做到的。

举个例子，如果一对夫妇一整周都在外工作不能回家，而孩子是由家里的其他人照看的，那么家长想减少这个风险因素就不太现实。相反，家长却可以告诉自己，等回来陪伴孩子度过的那些时间里，不会一味满足孩子的各种任性要求。

接下来，我们来说明一下如何减少风险因素。我们将按照它们对于孩子不良行为的影响力由大到小的顺序来进行说明。

第一条长期策略：改进不当的教育方式

改进家长的教育方式往往对于儿童问题行为的解决是十分有效的，而且不仅仅针对我们正在探讨的问题。作为应对措施，它能够有效解决孩子的问题行为。

要贯彻自我

如果家长决定"要",最后就不可以"不要"。因为家长能够坚守住自己的想法,所以孩子再怎么闹脾气也无法动摇家长的决定。

中期来讲,这是使孩子闹脾气失效的最重要的办法。

家长要不顾一切地避免孩子的哭闹最终改变你们的决定或者帮助他们逃避掉自己的责任。

所以,家长需要学会分辨那些被我们称为"硬指令"和"软指令"的东西。

所谓硬指令就是那些家长确实无法让步的指令。比如,"不要把头伸出车窗外"就是一项硬指令,因为家长不可能允许它发生。

软指令指的是那些实际上家长可以接受一点改变的指令。所以,家长应该在告诉孩子自己的决定之前就想好这是一条硬指令还是软指令。如果是后者,家长应该思考替代方案并且提供给孩子。

在公园里家长可以让孩子多玩耍5分钟,但是10分钟就不行了。当他们同意多5分钟的时候,给出的就是一条软指令。

"我们马上就要回家了。但如果你愿意,可以再坐一次滑梯然后跟你的朋友们道别。"

等到5分钟一过，家长就要给出孩子硬指令了，比如"我们走"。此时不应该再有1分钟的回旋余地。如果这时候孩子开始闹脾气或者表现出其他不良行为，家长应该按照在后面关于如何应对闹脾气部分中提供的具体建议采取相应的措施。

如果家长能够做到贯彻自我，那么不光孩子闹脾气的行为得到了解决，其他很多的问题行为也会迎刃而解。

多关注孩子的良好举动

孩子通过闹脾气这类行为能够吸引家长的注意。很多时候，只有当孩子闹脾气时，您才会特别关注他。

如果家长怀疑孩子闹脾气时也带有这个目的，那就应该让孩子明白你们一直在关注他，尤其在他表现良好的时候特别关注他。

所以，当孩子表现良好的时候，家长一定要表扬他并且表现出惊讶，一定要让孩子知道，您在他乖的时候比在他调皮的时候更加关注他。

直接教导孩子

这条策略其实就是告诉孩子家长希望他如何表现，家长对他的期待如何。

对于年龄小的孩子，家长需要告诉并且直接教给他们一些特定情况下的处理办法，因为孩子并不是生下来就知道应该如何与家长相处的。

家长要将对孩子的期待传达给他，告诉他在每种情况下该怎么表现。家长教给孩子的方式应该尽可能地具体。像"你要好好表现"或者"乖一点"，对于孩子来说实在过于抽象。相反，更简单的做法是，家长可以告诉孩子他们要去别人家做客，他应该跟人家问好，应该跟人家的小朋友一起在房间里玩，玩的时候不可以大喊大叫，不可以跟小朋友争吵。

对于年龄大点的孩子，家长也需要教给孩子一些取代骂人或者侮辱别人的方式来宣泄挫败感，比如，直接表达出他的感受。

以身作则

家长永远是孩子们追随的行为榜样。无论是当你看足球比赛还是驾驶车辆的时候都是如此。因此，家长应当以身作则来教孩子如何管理挫败感，因为它是导致孩子发脾气的"元凶"。

对于年龄大一些并伴有不良行为的孩子，他的家长的榜样作用则更为关键。

所以，家长应该改进他们同伴侣、同其他人、同自己的孩子之间解决分歧的方式。家长有必要改进自己在挫折面前的言行和反应方式，无论在看电视时、开车时，还是在任何工作上的逆境面前。

教会孩子自我引导

自我引导即自己给自己的命令和信息。比如，当我们正在执行一项复杂的工作时，会在意识中告诉自己"我需要多注意"。

这个技巧有助于提升孩子的自控能力并可以帮助孩子增强自信。家长可以教给孩子这个技能，以便他以此来约束自己的行为。为此，家长需要带领孩子大声地读出这些自我引导的内容，以便孩子能够模仿它们并最终理解这些指令。

定下明确的度和规矩

对于小孩子，家长应该给他们定下尽可能明确、客观的规矩和做事的度。有些家长可能认为这会限制孩子的自由和自制力。但是，一定合理的度不仅有益于孩子的成长，更有助于在他们行动的时候保证他们的安全。

家长可以给孩子定下一些基本的规矩，例如：听爸爸妈妈的话；不欺负任何兄弟姐妹或者朋友；不可以用粗暴的行为来回应别人；生气的时候不可以大喊大叫；不要毁坏家里的物品；要守时……此外，在这些方面我们是不可以让步的。如果孩子没有遵守这些规矩，家长就要采取措施。

如果孩子违反规矩或者越界，家长应该采取措施

在任何情况下都应该有惩罚措施，尤其是当孩子出现不良行为时。如果一个孩子以不当的方式回应他的母亲，这种行为就应该得到一定的惩罚，这样做主要是为了教育孩子。如果什么都不做的话，或者甚至还让孩子得到了一定的好处，那么孩子就很可能会再次这样做。

还记得那个11岁想买手机的小女孩吗？宝拉已经明显地越界了。然而，她却得到了补偿——一部新的手机。她的家长认为她会想明白，认为下一次他们的孩子就不会这样无理取闹了。但是他们错了，下一次当他们再次拒绝她的时候，宝拉依然会故技重施，因为她已经记住了这种方式

能让她得到她想要的东西。

执行惩罚措施

的确有很多家长在孩子不守规矩的时候告诉孩子会惩罚他们。但是，出于各种原因，最终这些惩罚并没有被执行，久而久之，孩子就习惯了这样的"空气措施"，从而这些措施就失去了其本来的效果。一般来说，家长没有惩罚孩子的原因都是在生气的时候说要惩罚孩子，事后却往往发现这样做又不太妥。

家长应该在冷静的时候去思考惩罚措施。一个月不让孩子看电视本身就是一个不可行的措施，但是一个下午不准孩子看电视确实是每个家长都能做到的。

要持之以恒

任何措施都是要被持续采取的，无论在哪里。有一些可以在家中，另外一些可以在街头，但是核心是"在必要的时候要持续采取"。家长需要让孩子看到他们是不会放松警惕的。只要孩子破坏了规矩，无论家长心情如何、是否很累，孩子都要受到惩罚。此外，为了使惩罚措施达到最大效果，以下这点非常重要：夫妻间要达成一致。

夫妻间要达成一致

孩子应该从爸爸妈妈那里得到同样的信息,应该清楚爸爸妈妈的标准是一致的。夫妻之间如果有分歧,不应该当着孩子的面讨论。当着孩子的面,就应该让他看到爸爸和妈妈在任何方面都是一致的。

最后我们总结一下本节所学的内容。家长首先应该做的就是改进他们有缺陷的教育方式。其中,我们按照优先性依次说明了:要贯彻自我,多关注孩子的良好举动,直接教授孩子正确的行为,家长要以身作则,教会孩子自我引导,规定明确的度和规矩,当孩子越界时应当定下惩罚措施并付诸实施,要持之以恒并且夫妻之间要达成一致。

第二条长期策略:改善家庭氛围

在引起孩子闹脾气或出现不良行为的因素中,家庭氛围这个变量相对于家长的教育方式来说,更难以改善。因为这是我们生活方式的一部分,想改变生活方式可不是那么简单的。

但是，由于家庭氛围对于孩子平衡发展的重要性，家长还是要尽可能地改善那些他们能做到的事情。

整体的方法与前面所讲的改进教育方式的方法一样，先要确定引发孩子那些行为的变量，为此功能分析是不可或缺的，然后按照我们接下来的建议将这些变量中最主要的因素优先处理掉。

同上节一样，本节中我们也会对这些因素变量的重要性进行排序，把亟待解决的排在最前面。

孩子应该保持一个规律的生活习惯

这意味着孩子在每一天当中的活动总是一样的，在相同的地方，跟相同的人。这意味着孩子要在同一时间起床、吃早饭、去上学、吃午饭、洗澡，以及玩耍……

这对于一些家长来说可能不太现实。在这种情况下，家长首先应该评估一下孩子的生活变得规律的可能性，哪怕这件事对于他们来说意味着一些牺牲。如果认为可能性不高，也需要尽可能保证孩子每一天的生活都符合一定的规律。

控制紧张感

通过阅读第四章,您已经知道家长的紧张感会对孩子造成怎样的后果。下面是我们建议的一些可以缓解家长紧张感的方式:

无论是在工作还是生活上,家长都要制订符合现实的目标;

明确划分"工作时间"和"家庭时间";

有自己的闲暇时光和业余时间,而且这并不能是一种奢求,它必须要是一种真正意义上的对健康有益的需求;

明确需求、任务和要求中哪些因素应该优先处理;

规划好自己的时间,将相似的工作和家庭任务分门别类;

踏实且安心地开始每一天,比如可以从一次舒适的盆浴开始;

容忍自己的错误;

分配好工作和责任,在家里亦是如此;

进行体育锻炼,走路即可。

用来陪伴孩子的时间的质量

当家长用来陪伴孩子的时间少于预期,就更需要这个时间是高质量的。也就是说,这段时间是家长用来跟孩子一起娱乐、学习、分享家庭生活的。当然,这并不意味着家长就要一味地向孩子的要求妥协或者孩子就可以不遵守规矩。

掌控孩子之间的敌对情绪

家长应当在行动中尽量避免对兄弟（姐妹）进行比较，防止他们竞争。家长对于每个孩子都要一视同仁。同时家长还应该针对可能发生的冲突定下规矩并且鼓励孩子们和谐相处，同时教育孩子如何共处并一起分担家庭劳动。

父母的特殊情况

当父母当中的某一方出现了我们前面提到的特殊问题，比如抑郁，最好的方法就是交给专家来处理，坚持治疗。

家庭氛围的其他情形

有些家庭氛围的问题解决起来并不复杂，比如，很多人一起照看孩子这个问题。

这种情况下，需要给这些照看孩子的人赋予更多的权力，也要让他们知道在照看孩子的时候都应该遵守哪些规矩和度，以及采取哪些相应的措施。

第三条长期策略：改善孩子自身的特点

有一些个人因素也可以导致孩子表现出不良举止。要想改正这些个人因素会比其他两个因素更困难，因为这通常不再取决于家长。重要的是，他们首先将这些孩子的自身因素视为风险因素，然后努力改正那些他们能够做到的因素。

同其他因素一样，家长也会按照顺序优先处理那些亟待解决的问题。

这些问题的解决方法有：提高孩子的挫折承受能力，提高孩子的延迟满足的能力，刺激孩子的语言发展，治疗孩子的呼吸问题，提供一些干预注意缺陷多动障碍方面的建议，提供关于智力发展缓慢、自闭症和其他紊乱症状的建议。

提高孩子的挫折承受能力

家长最好教会孩子去面对和承受生活中的小挫折,在游戏或者竞赛中输是很正常的,以及并不是想买什么、想吃什么都要随他的愿。

具体方法是将承受能力分成不同的级别。如果刚开始孩子在一些小挫折面前感到沮丧,那么家长应该帮助他逐渐适应。

此外,家长也应该以身作则为孩子示范:如何承受挫折和如何自我引导。

> 亚历杭德罗不愿意从秋千上下来,并且每当他不得不让给其他小朋友的时候就感到很沮丧。他的爸爸妈妈教给了他一句自我引导的话:"我玩一小会,然后让另外一个小朋友玩一小会。"起初,他的爸爸妈妈自己重复这句话,然后慢慢地教亚历杭德罗说。最后,亚历杭德罗虽然不情愿,但还是每次都会把秋千让给别人。

教给孩子延迟满足

这个风险因素也是家长可以进行改善的一点。具体方式是家长不要总是立刻满足孩子的要求,当他想要某样东西的时候,要让他学会等待和排队。在日常生活中,比如用餐时或者他要家长听他讲话时,孩子有必要练习并记住有很多好的事情都发生在"……之后"。

在另外一些场景下,孩子也可以学着去等待,比如一些派对或者令人愉悦的场景。这些场景一般都需要提前准备,比如圣诞聚会和礼物,或者孩子也可以参与到这些聚会所需道具的制作中,或者参与到生日聚会的准备活动中来……

其他练习孩子延迟满足的情景还有跟家人合作准备食物或者一起收集物品。

刺激孩子的语言发育

孩子的语言是否发育迟缓应当由专家来判断。但是有时家长也可以感受到孩子的语言表达方式不符合其年龄。正如我们在前面所说的,伴有语言障碍的孩子往往易怒,这是因为这种宣泄成为他的一种沟通感情的方式。有些时候,孩子的语言障碍会给孩子造成一种压力,迫于这种压力,孩子就会情绪爆发,开始闹脾气。

在这种情况下,家长应该教会孩子通过正确的方式来表达自己的挫败感或者闹脾气的原因,同时尽可能地通过适当的鼓励来刺激孩子的语言发育。

另外，家长也可以利用功能分析来判断哪些是由于沟通障碍引发孩子闹脾气的情形。

治疗孩子的呼吸问题

呼吸问题会引起孩子的睡眠障碍，这时需要按照专家的意见尽快治疗。家长此时的作用是作为监护人督促孩子持续完成医生和专家建议的治疗。

少儿紊乱

很多患有少儿紊乱的孩子都经常会闹脾气，比如注意缺陷多动障碍患者，智力发展缓慢的孩子，自闭症患者或者患有其他儿童发育过程中常见的病症的孩子。尽管孩子可能患有其中的一些病症，但是这也不意味着家长就要放弃或者不积极改正孩子的不良行为。

家长在帮助孩子治疗闹脾气或者其他问题行为的时候，应当具备一种主动奉献的想法以便让孩子能够适应和融入社会。这个过程一定会比其他正常的孩子要困难得多，费用也更高，但是家长一定不要放弃治疗。

家长也要了解，有些时候，尤其是那些自闭症孩子闹脾气往往是为了表达他们的疲惫、压力、紧张或者无聊的情绪。有时这些孩子也会在他们规律的生活被打乱时表现出这种行为，比如，走一条全新的路去上学。

虽然对待这些特殊的孩子会更费力，但是家长应该以相同的方法来帮助这些孩子们变得更好：分析情况，找出原因并在孩子出现问题时采取我们所建议的措施和技巧。别忘了，虽然这些孩子有一些先天的障碍和问题，但是他们依然可以学会通过闹脾气来得到他们想要的物品。

第六章

应对孩子闹脾气的临场技巧

导言

到目前为止，我们已经为大家解释了长期治疗孩子闹脾气，以及其他此类不良行为的方式，并且也讲解了功能分析，以及应对风险因素的策略。

现在我们来为大家说明，当孩子闹脾气时或者即将闹脾气的时候家长该怎么做。

此类技巧是用来当场处理孩子闹脾气的行为的。但是，为了能够根治孩子的这些不良行为，我们也需要配合前面所说的长期策略来一起治疗。

鉴于3到6岁的孩子是闹脾气的多发人群，而8岁及以上的孩子则会表现出其他不良举止，所以，接下来我们会以不同的方式为大家进行说明。

应对闹脾气的技巧

在孩子闹脾气前

预防这些行为始终是家长最应该做的。通过功能分析，家长已经能够发现在哪些情况下孩子容易闹脾气了，这时家长应该尽量避免这些情况的出现。

家长可以通过表扬来巩固孩子的良好行为，告诉他你们希望他如何表现。这一招尤其在那些最后可能演变成"闹剧"的情况下非常有效。

避免孩子处在他无法忍受的情况下，也是一种非常有效的预防措施。孩子可以在购物商场里待一会，但是绝对受不了陪着妈妈逛一上午商场。为此，家长要提前预想到一些解决措施来应对那些孩子可能无法忍受的场景。

比如，对于一个5到7岁的孩子，他是无法忍受在火车上坐3个小时的。所以正常情况下，路程过半时孩子可能已经发了好几通脾气了，因为这其中的无聊对他来说太难以忍受了。但是，如果家长为他准备一些彩色铅笔、一个本子、一些谜题、一本童书或者一件玩具，或许这趟旅途会变得和谐很多。

有时家长可以跟孩子讲条件。比如，在超市里，你们可以允许他拿几个零食，但是只能是几个。

对于那些患有更严重疾病的孩子，家长应该提前告知他们会发生的事情，因为对于他们来说这些事件就好像一系列混乱的惊吓大集合。所以，你们往往可以通过文字或者图片的形式，提前向孩子解释接下来这一天或一天中的某段时间会发生什么事情。

当孩子马上要闹脾气的时候

当家长通过经验判断孩子可能马上要闹脾气的时候，尽管已经无法预防，但是此时家长仍然可以采取一些应对措施。

一种方法是把孩子的注意力分散到别的物体或者吸引他的事情上。马克斯的妈妈本可以在孩子开始闹脾气那一刻再做一下最后的努力，比如请他帮自己把购物车里的东西拿出来,或者提醒他找找刚买的冰激凌。这个方法旨在把准备闹脾气的孩子的注意力分散到别的点上。

有些情况下,有必要提醒孩子会有怎样的补偿在等着他。当一个孩子在公园的游玩时间结束的时候就会闹脾气不愿回家。此时,家长可以提醒他回家以后能够泡一个鸭子浴,并且会给他讲一个有趣的故事,从而避免他情绪的爆发。

最后,家长也可以提醒孩子定下的规矩和不遵守规矩的后果。当孩子开始闹脾气的时候,家长可以提醒他那些定好的规矩,比如"要听爸爸的话",同时也要提醒孩子如果不遵守规矩是要遭到惩罚的。

当孩子的脾气爆发的时候

当孩子闹脾气的时候,已经不可能再跟他讲道理或者对话了。所以,这时我们的战术就是无视他。事实上,这时应对孩子闹脾气的最有效的方法是一如既往地无视他,因为大部分孩子闹脾气是为了吸引家长的注意力。这时候,不理他便是了。

当孩子闹脾气的时候,父亲可以暂时远离孩子,或者如果孩子会搞破坏的话,就把他带到没人的地方,同时继续无视他,就像什么都没发生一样。该做什么就做什么,比如,继续跟您的太太聊天。如果孩子在一个安全的地方,我们可以离他远一点。正常来说,孩子会一直跟着家长,因为闹脾气可是需要观众的。

此时,家长不应该做出任何相关的评论,也不可以看孩子,因为看一眼孩子就会让使他多哭闹一会。如果你们没办法完全忽视孩子,也可以像黑胶唱片里那样一直重复这样的句子，比如："你已经有糖果了。"

孩子撒完脾气后，家长也不要立即找他说话，因为这也相当于响应了他的呼唤，应该像什么都没发生过一样。

然而有时候，出于种种原因家长不可能完全无视孩子。我们设想一下孩子在一家餐厅正准备闹脾气。这种情况是不可能忽视他同时装作什么也没有发生的，因为他的行为会影响到其他客人。这种情况下，家长则可以使用我们称为"暂停时间"的策略。

"暂停时间"的意思是在有限的一段时间内不让孩子继续做他喜欢的事，让他到一个无聊但是安全的角落去。

这个地方不可以是让孩子感到害怕的地方。一般来讲家长可以选择一个角落或者一把椅子，在那里孩子无法进行任何活动和娱乐。

孩子隐约地知道，他们在那里待的时间是有限的。作为参考，我们建议孩子的"暂停时间"的分钟数可以等于他的岁数。也就是说，如果孩子3岁，就罚3分钟。

有时，孩子不能忍受这几分钟的时间然后就会从那里溜走。这时，家长应该让孩子重新回到那里，并且作为惩罚，增加1分钟的时间。

如果孩子还跑，那么家长最多还可以再重复一次上面的手段。这种情况下，家长应该陪着孩子一起待在那里，直至"暂停时间"结束。

在家里，家长可以找一把椅子放在厨房的角落里，作为"暂停时间"的地点。在外面，家长可以找一个角落或者在汽车里，但是孩子需要一直处于家长的监护之下。

实际上，"暂停时间"这一技巧只能用于应对某些行为。如果在孩子闹脾气的时候家长使用这个技巧，那么在孩子表现出其他类似不良行为的时候就不可以再用了。因为在这种情况下，孩子应该已经记住"暂停时间"是用来惩罚他在公共场合闹脾气的。如果家长在任何情况下都使用这个方法，那么它就会失去效果。

孩子闹脾气过后

"剥夺特权"是另外一个对付孩子闹脾气的比较有效的事后措施。这一方法其实就是在特定时间内剥夺孩子的一些特权。

家长在采用这个策略的时候应当注意：无论孩子多么任性都不可以剥夺那些他必须拥有的东西，比如食物。你们也不可以不跟孩子说话，因为这是不可取的。正常的实践方式是根据孩子的年龄来选择"剥夺的特权"，比如，看动画片、玩某样玩具、做某些对他有吸引力的事情（帮助爸爸）。

此外，应当注意控制剥夺孩子特权的时间。一般来讲比较有效的方法是剥夺其一天内某段时间的特权，比如上午或下午。如果时间过长，比如一周或者若干天的话，这个方法就会失去效果，因为孩子对于时间的概念与你们不同。这么久的时间足以让孩子忘却被剥夺的权利，以及为什么要剥夺他的特权。

家长无论如何都要记得，不可以让孩子通过闹脾气来达到他的目的。

总而言之，家长可以使用的技巧和策略有：避免引起孩子闹脾气的情况和场景，在孩子即将发脾气的时候分散他的注意力，提醒他定好的规矩、破坏规矩的后果，以及遵守规矩的补偿。一旦孩子开始闹脾气，家长要尝试无视他，或者使用"暂停时间"，再或者剥夺他的某种特权。

应对其他不良行为的技巧

接下来我们要讨论的是那些不发脾气而是通过其他不良行为来达到其目的或者宣泄其挫败感的孩子。这些行为通常发生在8到12岁的孩子身上。当然，这也是由我们在前面提到过的风险因素导致的。

一旦这种行为出现，第一个措施就是忽视他。当然，前提是不可以超过底线，不可以骂人或者不讲礼貌。家长可以按对待闹脾气的孩子同样的方式来进行处理。你们不要去理孩子，并且远离他。

但是有些时候家长也不可能完全忽视孩子，因为他的行为已经超过了底线。这种情况下，你们一般要暂停孩子的活动。比如，如果在商场里孩子对家长有冒犯无理的举动，暂停孩子的活动就意味着你们要立刻离开那里。

接下来，孩子就要当下为其不当的行为承担后果。对于这个年龄段的孩子，最有效的方式就是剥夺他的某项特权。根据事情的严重性，特权甚至可以被剥夺若干天。通常家长可以剥夺他的电子游戏、电视节目、电脑……每个家长都知道哪个是对他最重要的东西（活动）。

家长最好说话算话，该批评孩子的时候要坚决。换句话说，要让孩子明明白白地知道什么是规矩，什么事情是不被允许的。

当这些都不奏效时……

家长在采取了上述的所有措施一段时间后（一般至少20到30天），孩子闹脾气或者其他问题行为也有可能得不到改善。

也有一种可能是，出于某些个人原因，家长最终无法完全实行我们上面提出的这些措施。

无论哪种情况，我们都建议家长最好去咨询专家。在教育领域，大多数的学校都有教育学家、心理教育专家或者心理专家，他们可以帮助家长来评估孩子的情况，并且提供有效的行动指导。

除了学校专家以外，家长也可以咨询儿科医生、儿童心理医生、儿科神经专家或者儿童心理咨询师这些卫生健康领域的专家们。

通常来说，这些专家会先评估孩子闹脾气这个现象，它是一个孤立的行为还是某些严重的问题行为的衍生行为，比如我们可以想到的多动症。这些专家往往可以更好地为孩子或者家庭提供更系统的治疗与跟进。

了解更多

假如您需要了解更多关于孩子闹脾气的信息，我们建议您继续阅读本套丛书的其他书籍。在《第五堂课·如何让孩子学会遵守纪律》一书中我们会更深入地阐述这个问题。

在本套丛书中的其他书中，我们会探讨不听话的孩子，以及其他问题行为。本书主要涉及的是闹脾气的孩子，以及那些表现出其他问题行为的孩子。最后，我们在另一本书中也深入地探讨了兄弟姐妹之间的嫉妒心和敌对心理。

第七章

家长提问

家长提问

在本部分我们会回答家长经常提出的问题，这些问题是关于孩子闹脾气的或者是与孩子闹脾气相关的常见情况。

> 我儿子今年4岁了，他时常发脾气。我们期待随着孩子长大些这种情况会消失。会这样吗？

这是一个很多家长都想过的问题：是不是孩子长大了就不再闹脾气了？

虽然孩子可能会随着时间推移不再闹脾气了，但是导致其闹脾气的本质问题并没有随之消失，改变的只不过是这个问题的表现形式而已。这个本质就是孩子用不正确的方式来宣泄挫败感和改变家长原本的决定。

您孩子在4岁的时候可能因为您没有给他买他想要的东西而大发脾气，甚至躺在超市的地上打滚。到了10岁的时候他已经不会这样做了，但是他会通过喊叫、不良言行，甚至辱骂、诋毁的方式来宣泄自己的情绪。

所以，这个问题应该尽早得到解决。我们应该教孩子用其他方式来表达不满的情绪，不好的行为并不能改变家长的决定。

> 我起初处理孩子闹脾气的方式就是无视她，但是现在她反而变本加厉了，我女儿喊得更大声了并且闹得更久了。难道无视她这招不管用吗？

您所描述的这种情况是正常的。当您开始通过系统的无视来处理孩子闹脾气的时候确实往往会让事情变得更糟。但请记住，只是一开始会这样。

到目前为止，您的女儿经常可以通过闹脾气迅速吸引您的注意力，也可能改变您的决定。当您开始忽略她的时候，就已经开始提醒她这样做是得不到您的关注的。所以她会变本加厉地闹脾气：为了能够继续获得您的关注。

在这种情况下，家长应当继续信任这个方法。要知道，如果我们系统地、持之以恒地无视孩子们闹脾气并且不允许他们改变自己的决定，那么至多15天，他们将开始退让并且逐渐缩短闹脾气的时间。您的女儿就会懂得这样做是没有用的，也不值得。

> 为什么我的闺女只在家里闹脾气？但是在学校，老师们说她表现得很乖。

这是一种正常现象。学校的规章制度往往都很明确，孩子也非常了解。他们知道在学校闹脾气是没有用的，因为老师们是不会让步的，并且一旦他们闹脾气，老师们会采取惩罚措施。所以，对于孩子来说，闹脾气就没有什么作用了，他们自然也就不闹了。在某个方面我们可以说，闹脾气这种行为在学校是得不到任何补偿的。我们可以把孩子不在学校闹脾气这点作为一个重要的指标，这代表着孩子并没有严重的问题行为。

另一方面，孩子往往懂得在家里或者跟家人在一起的时候闹脾气能发挥作用。当他们想逃避责任、逃避一个令他不开心的命令、任性地想要某样东西或者使用某种特权的时候，就会闹脾气。在家中，这种行为能够得到"补偿"并且屡试不爽。

> 我们什么时候能判断我们4岁的儿子闹脾气这个行为已经成为一个严重的问题行为了？

其实有很多的标志都可以帮助您进行判断。首先，孩子闹脾气是否能够频繁地改变您的决定或者逃避他的某些责任。换句话说，是否您本来决定"不"，但是孩子一闹脾气您就松口了；又或者说孩子本来应该自己去收拾玩具，但是他一闹脾气，您就不让他去收拾了。如果发生了这两种情况或者类似的情形，那么您家孩子闹脾气的这个行为可以说已经升级为一个问题行为了。

另外一个判断依据是孩子闹脾气的频率和持续时间。如果一天闹3次或者更多次，那您就该十分注意了。或者当孩子闹脾气的时间超过15分钟，您也同样需要注意。

如果孩子不光在家里闹脾气，在学校也会时不时地闹脾气，那么这也是一个应该引起家长重视的症状。

同时这也是一个警钟,来提醒家长也要注意改正自己平时的不良习惯。你们可以暂时别再跟朋友出去了,也不要邀请别人来家里做客或者先不要出去购物了。你们要为孩子创造一个环境,让他控制住那可怕的脾气。

如果您孩子闹脾气的时候破坏物品(尤其是贵重的),伤害其他孩子或者伤害自己,这也意味着您家孩子的这种坏脾气可能已经变成了一个应当及时纠正的问题行为了。

整体来讲,闹脾气属于一种各年龄段易发的问题行为,这个行为会严重损害孩子与其他家庭成员或者其他小朋友的关系,影响他的学业,或者对孩子的情绪造成严重的影响。

> 我儿子除了闹脾气也有其他问题行为。他不听话、不懂得分享、不会好好回答对方的问题,而且还经常闹脾气。我应该从何入手?

正如您所描述的那样,其实闹脾气并不是孩子表现出的唯一的问题行为,往往也会伴有其他问题。幸运的是,一个方面的改善也会带动整体的改善。

在这种情况下最好一开始就采取一些紧急措施,具体如下:

一定要时刻贯彻自己的言行。就算孩子再怎么闹脾气,家长决定的"不"依旧只能是"不"。家长无论如何也要避免被孩子改变决定。这一步是治疗孩子问题行为的第一步,也是最具决定性的一步。

制订明确具体的规矩。其可以简单到像"要听爸爸妈妈的话""不要用不好的方式回应别人""要遵守作息时间""要爱护家里的物件",以及"要善待爸爸妈妈、兄弟姐妹和家人朋友"。

当上述定好的规矩没有被遵守时,家长就要制订惩罚措施并加以实施。惩罚措施可以包括"暂停时间"或者"剥夺特权"这类，您也可以参考本书中提出的建议。

表扬并关注孩子的良好表现。为此，家长尤其需要"不小心撞见"孩子的乖表现，有时，你们甚至需要刻意去营造一个能够让孩子做出良好表现和行为的环境。

最后一点，可能的话，无论在哪，你们都应该在孩子闹脾气的时候无视他。

家长应该在最少20到30天内严格施行上述"紧急措施"。如果这段时间不坚持下来，你们就无法继续后面的工作了。很有可能仅凭这些措施就能改善孩子的整体行为，但是你们该做的不止这些。

你们需要结合这些措施的实施情况，进一步决定该如何解决你们在前面提到的余下的那些风险因素，特别是与家庭氛围相关的因素：孩子的生活缺少规律的习惯、紧张感、时常更换照顾孩子的人或者兄弟姐妹之间存在敌对心理。你们应该尝试着逐一解决这些问题，从那些你们最容易解决的问题入手。

> 我们的孩子身患疾病，我们去看过很多医生。因为他的情况让我们很心疼，所以我们时常向他的要求和任性妥协让步。如果我们不随着他，他就会大哭大闹。我们这样做对吗？

其实你们的做法并不正确，因为这样做会让本就身体不好的孩子再产生问题行为，这无异于雪上加霜。

遭受健康问题的孩子，无论大病小病，往往都会被家长过度地保护起来，同时也会因此远离那些本应存在的规矩，并使家长放弃常规的教育方式。

如果你们冷静分析一下，便可以得出结论，这两件事之间其实并不能成为相互的因果。教育并不意味着家长会给孩子带来伤害或者孩子要受罪。所以，为什么要停止教育呢？确实，有时候在治疗疾病的过程中会伴随着让人难受甚至痛苦的情绪，但家长并不会因此放弃治疗。因为家长很明确，最终目的是让孩子拥有健康，这一点对孩子来说才是有益的。

教育孩子又何尝不是一样呢？教育有时候会让孩子感到不适，但是我们知道从长期角度来看，孩子正在受益。

在这种情况下，我们建议家长给孩子多一些疼爱和必需的照料，并且要避免任何对他健康造成威胁的风险。但是孩子生活的其他部分应该尽可能地正常化。所以，孩子在这个年龄，只要健康允许，就应该继续遵守规矩，继续履行他的责任。

> 我们的孩子跟爷爷奶奶一起生活很久，他们非常惯着孩子。所以当我们对他发号施令的时候，他就闹脾气。这种情况下我们该怎么办？

不得不说，爷爷奶奶或者外公外婆尽管不被认可，但是他们为家庭和社会做出了巨大的贡献。所以，绝对不可以对他们有任何的指责，这样十分不公平。年事已高的爷爷奶奶对自己的孙子孙女疼爱有加，但有时却缺少自己子女的支持来正确地教育孙子孙女。尽管如此，有些爷爷奶奶还是懂得如何教育孙子孙女，他们的教育方法十分正确。

当家长疏于陪伴自己的子女时，他们很容易趋向通过对孩子违反规矩的行为睁一只眼闭一只眼，甚至有时默许他们任性的想法来补偿这些缺失的陪伴。

当家长陪孩子的时间越少时，这些时间就越应该是高质量的。这意味着这段时间内，你们要与孩子一起生活、对话、共同享乐，但孩子不可以破坏家里的规矩，你们也不可以放松对孩子的教育力度。

所以，控制孩子闹脾气的方法跟其他情况并没有什么不同，只是在这种情况下一定会更费劲一些，因为家长缺乏持续的时间来陪伴孩子。

我们在这里建议家长制订具体且简单的规矩，以便孩子无法改变家长的决定。我们也建议家长在孩子没有遵守规矩的时候采取相应的措施；在孩子表现好的时候一定要多表扬并多关注他那些良好的举止。

最后，您记得一定要给爷爷奶奶足够的权利，并且不可以当着孩子的面指责你的父母。

> 在影响孩子行为的因素中，哪个是最能造成负面影响的？

本书中提到的所有的条件因素都有它的重要性。最能造成负面影响的因素取决于它在孩子生活中出现的强度。通常来讲，一个孩子可能同时具备很多条件因素。

即便这样，对于孩子影响最大，也是家长最容易掌控的因素是教育方式。家长如何以教育为目的去应对、去掌控一个孩子出现的普遍问题行为，以及闹脾气这种特殊情况，很大程度上决定了这些不良行为的发展势头：是会演变成一个问题行为，还是会逐渐消失。

并且，如我们在书中所提到的，家长的教育方式也会影响其他条件因素，比如孩子的自身性格特点：对于挫折的承受能力、接受延迟满足的能力……教育方式也可以影响家庭氛围这一因素。

> 都说应该为孩子建立明确、具体的规矩，请问这些规矩指的是哪些？

这些规矩取决于每个孩子的年龄。对于3到5岁的孩子来说,规矩可以非常简单:听爸爸妈妈的话,好好对待自己的兄弟姐妹、朋友和其他家人,不要以不好的方式去回应别人,不要喊叫,要爱惜家里的物品,要遵守时间表,游乐过后要把玩具归位并且保持房间的整洁。

对于大一点的孩子来说,比如6岁以上的孩子,你们可以在上述规矩的基础上再加以补充:自己收拾上学用的东西,在爸爸妈妈不催促的情况下自觉地写作业、收拾房间,不要乱放家里的东西,为自己准备晚餐……

> 我们的孩子5岁了,他患有唐氏综合征。像他这种情况,闹脾气是正常的吗?我们是否需要为此做点什么?

患有唐氏综合征或者伴有智能落后的孩子的确会比其他孩子更爱闹脾气，主要原因有以下几点：这些孩子缺乏自控能力并且承受挫折的能力也相对较弱；对于他们来说，控制自己的冲动是很难的，尤其是在挫折面前，他们更脆弱，甚至有时会失控。

尽管如此，对于这个年龄的孩子，家长还是要有充分的准备来应对孩子闹脾气，孩子身患疾病并不代表家长就可以对孩子的不良行为置之不理。无论是唐氏综合征的患者还是正常的孩子，家长都应该及时纠正他们的不良行为，原因只有一个：孩子的这种反应和表现是不对的。

家长可以像教育正常孩子一样去教育自己患有唐氏综合征的孩子，并且患有唐氏综合征的孩子也可以像正常小朋友一样做到家长所要求的事情。或许与普通孩子的家长相比，遇到这种情况的家长需要花费更多的时间和努力（但也许比想象的要少，这也说不定），但无论如何要把这个目标定为符合现实且可以实现的。为此，家长所采取的方式与普通孩子的家长并无差异。

> 就因为几颗糖果或者孩子的小任性，家长这么大费周章地应对闹脾气这个问题真的值得吗？

当然值得！这里面的问题可不只是几颗糖果那么简单，而是孩子的教育问题。孩子只有在受到良好教育的情况下才能习惯与他人和谐相处。

如果家长不对孩子的这种行为采取措施而是任由他以这样的方式任性，那么从中期角度你们正在教给孩子一种满足自己意愿的方式。问题是这种方式并不可取。它对家长可能有用，但是在像学校这类家庭之外的环境中，当他与同龄人或者陌生人相处时，闹脾气可就一点作用都没有了。在学校的班级里，大家都使用的则是一些另外的方法策略，而这些策略正是你们应当努力教给孩子的。

如果家长不及时纠正孩子的这种不良行为，那么不仅无法教会孩子如何正确地去获得自己想要的，而且还会让孩子学会左右家长来达到自己的目的。

所以，既然闹脾气是一种不正确的并且不可取的行为方式，那么家长无论要付出多大的努力，都应该去解决这个问题。

> 我们有两个孩子，哥哥12岁了，他在与我们沟通时总会出现不良的举止。弟弟7岁，也开始模仿哥哥的那些不良的举止。我们该怎么办？

首先应该针对哥哥的不良举止采取一些措施。为了教育孩子，他需要为这种对待任何人的不良举止，以及对待家长的不当方式承担后果。

这样一来，弟弟也会发现不良的举止会造成不好的后果。

哥哥因为他的不良举止可能要承受的后果有很多种：家长跟他明确、坚定地表达这样的行为方式是不被任何人接受的，也不允许他这样做；家长临时取消了他的一系列特权；自己以身作则来教孩子应该如何做。一旦家长开始表现出这样的态度，弟弟就会看到哥哥的行为不仅是不对的，而且还会遭到家长的批评，甚至会带来一系列不好的后果。

也许家长需要定期检视一下自己的教育方式，以判断它们是否正确。本书中已具体说明哪些教育方式可以影响孩子闹脾气这种不良行为，以及其他类似行为。家长可以自我评估看是否能够始终贯彻自己的言行，是否为孩子定下了明确的规矩，当孩子不遵守规矩的时候是否遵守和采取了定下的惩罚措施，是否进行了持续的努力抑或是彼此之间是否达成了一致。

> 当我的孩子出现了这个问题，什么时候有必要去看心理专家？

接受专家治疗的前提是孩子的行为已经变成了一个严重的问题行为，或者家长面对这种情况确实无能为力了。下面，我们来看这两个理由。

第一个孩子需要去咨询专家或者心理医生的理由是孩子闹脾气或者表现出的其他类似行为已经彻底成为严重的问题行为。为了判断孩子是否真的出现了严重的问题行为，我们可以参考以下几个标准：

家长可以参考的最普遍的标准是孩子闹脾气的行为是否由于其剧烈性和高频次，已经严重破坏了他与家长、兄弟姐妹或者其他孩子的关系；另外，这种行为是否已经影响到了孩子的学业，或者是否引起了孩子情绪上的反常。在这些情况下，我们建议您带孩子咨询专家，比如心理专家，以便他能够对孩子的情况进行评估并帮助您改善对孩子的教育。

另外一个可以参考的标准是孩子闹脾气的频率和持续时间。如果您的孩子一天要闹3次脾气或者更多，或者每次闹脾气的时间都为15分钟或更长时间，这就意味着家长所面对的问题需要专家出面才能解决了。

如果孩子在学校这类通常更能够控制自己的环境中也闹脾气，那么这也说明他需要去看医生了。

如果您孩子闹脾气的时候总是破坏家中或者其他地方的贵重物品，给身边的人（包括家长）带来身体伤害，或者伤害自己，这些情况下您同样需要带孩子去咨询专家。

最后一个家长可以参考的标准是观察孩子闹脾气这件事是否已经严重改变了家庭的习惯，比如：因为害怕孩子在外面闹脾气就不再出去吃饭，不再邀请亲友来家里做客，或是改变了购物的方式，等等。当您出于担心孩子会闹脾气而不是为了预防孩子闹脾气时改变了这些习惯，那么这就是您的孩子应该去看专家的明显标志了。

第二个不得不去看专家的理由是家长在面对孩子闹脾气时已经无能为力了。有些家长抱着一种求万灵药的心态去看专家，或者说，他们期待一种不要他们付出努力就可以治好孩子的灵丹妙药。这种东西是不存在的。治疗孩子的问题行为需要多方的努力，通常对于家长来说可不是件轻松的事，毕竟教育孩子可不是一件轻松惬意的任务。

所以，我们所说的无能为力指的是由于个人因素而无法做出相应的努力，这些因素包括阻止家长做出这些努力的疾病、巨大的压力或者紧张感。在这种情况下家长才有必要去咨询专家。

> 在所有的专家中，我们最应该去咨询哪方面的专家？是学校的心理医生、儿科大夫、私人心理诊所的医生还是儿童精神科专家？

实际上，上述专家都各司其职。当孩子遇到问题行为的时候他们都应该介入，但是要根据孩子的具体情况才能确定需要什么样的专家。在这里我们再次提醒家长，当孩子出现我们上面刚刚提到的那些标志性的情况时，您需要尽快带孩子就医。

整体来说，我们建议您按照下列步骤进行咨询。初次可以咨询学校的心理医生。大部分的学校里，无论是公立的还是私立的，都会在教导处配置一位心理医生。我们优先选择学校心理医生是因为校方往往是最了解孩子表现的，同时也因为学校的心理辅导员是所有专家中咨询起来最便捷的。

其实，学校的辅导员也不一定都是心理医生，同样也有教育家和心理教育专家，因为他们的专业领域更契合学校教书育人的目标。无论如何，学校的这些专家都能够为您的孩子做一个初步的评估，从而建议您是否有必要再去咨询其他专家。

儿科专家也可以评估您的孩子是否伴有健康问题，以及他的行为是否已经变成一个问题行为。

社会保障管理局配置有专门的青少年心理健康小组，这支队伍由心理专家、精神科专家，以及社会工作者组成。根据具体情况，孩子将会接受来自最合适的一位或者数位专家的治疗。一般情况下，心理专家往往会介入家庭问题，以及治疗孩子的问题行为。精神科专家则主要评估药物治疗的必要性，以及与其他专家联合治疗孩子更严重的精神紊乱。一般家长都是在儿科医生的建议下带孩子咨询心理健康小组的。

最后一个选择是私人心理医生。这种方式往往比去公共系统要更省时，但是并不是每一个家庭都能够负担得起。这种心理专家一般也会对孩子和家庭进行干预。

我们始终建议家长咨询专业对口并且在儿童问题上经验丰富的专家。

> 如果孩子在车里闹脾气，我该怎么应对？

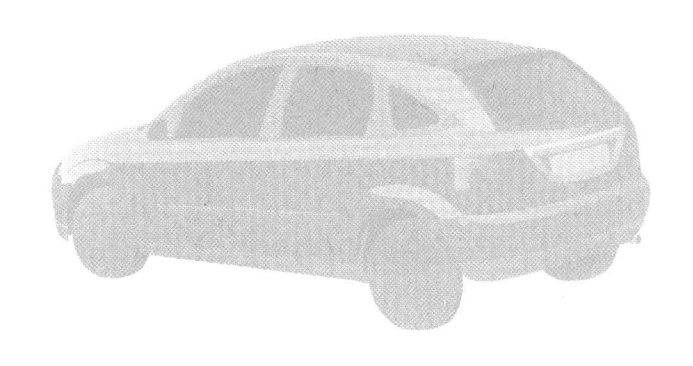

孩子在车里闹脾气通常是由以下原因造成的：孩子疲于旅行或者感到很无聊；路程过长，超出了孩子的承受范围。具体原因因人而异，但是如果不采取些措施，很少有孩子能忍受超过两个小时车程。这时候孩子就开始不守规矩了：不愿意待在儿童座椅里了；不想系安全带或者想要坐到副驾驶席；跟自己的兄弟姐妹在车里吵闹，或者在上车前就发一通脾气，比如因为他看上了加油站售卖的一件玩具……有时会有很多原因同时导致孩子在车里闹脾气。

如果孩子学会了闹脾气能够帮他达成所愿的策略，情况就会变得更糟。

我们首先建议您采取的措施就是防患于未然，以确保你们在行车过程中出现的行为改变不是因为孩子闹脾气。首先可以经常性地停下车，或者减少连续驾驶的时长。你们可以参考下面的时间：第一次停车在开始行车90分钟后，1小时后第二次停车，然后过45分钟再休息一次。停车时间可以用来吃饭、散步等。最理想的就是你们在孩子闹脾气前就停车休息，最好不要等孩子闹了脾气后再停车。

另外一个方法是规划好行程,让孩子在路途中有娱乐项目。您可以利用车内的DVD或者CD故事机给孩子播放儿童歌曲,也可以给孩子一个相机或者其他玩具。在这些娱乐项目中可以适当插入猜谜、数东西、数汽车或者辨认颜色等活动。但是要注意控制这些活动的量和时间。

有时家长也可以坐在后排让孩子感到有人陪着他。在安全乘车方面,家长要以身作则并且对于孩子的配合行为要给予适当奖励。

如果孩子在上车前闹脾气,最好无视他,然后尝试用前面提到的方式来分散他的注意力。

> 我需要专家给我提一些具体的建议,以便应对孩子在超市里闹脾气、乱要东西。

对于年幼的孩子我们有很多实用的建议。

家长购物时间不要过长，每个孩子都有忍耐的极限，购物时间不要超出孩子的忍耐范围。

如果没有必要，要避免经过超市里的"高风险"区域。比如那些卖糖果、巧克力、玩具或者其他类似的对孩子具有较强吸引力的产品通道。

如果孩子执拗于一件家长并不愿意买给他的东西时，家长应该明确拒绝他，并且不要花太多时间来给他讲道理，但也不要尝试用"善意的谎言"来欺骗孩子。如果您采取了上述措施，孩子依旧在超市的通道里闹脾气，那么就直接忽略他吧。继续您的购物就像什么也没有发生过。一旦孩子开始闹脾气，不要尝试再去跟他讲道理。如果可能的话，把他带到别的通道。很可能孩子会一直跟着家长。如果孩子手里拿着他想要的东西跟着您，家长一定要把东西放回原处并且不要因此而烦躁。

另外一个"高风险"时刻是在收银台排队的时候。这时您最好提前做好心理准备。在收银台往往会出现吸引孩子的物品。此时你们无须跟孩子讲道理，直接告诉他不可以，然后就不要再理睬他。如果孩子哭闹，您可以忽略他，以及周围其他顾客可能向你们投来的目光和评论。一旦付完款，径直走向出口。

在高危区域应对孩子闹脾气的主要目标就是让他知道闹脾气是得不到他想要的东西的。一旦他成功了，就会尝到甜头，那么下次还会再故技重施。

> 我们尝试过所有方法但是收效甚微。我们该怎么做呢？

首先您要确定您已经尝试过所有方法了，至少是我们书中推荐的全部方法。而且这也需要一定的时间，这个时间通常不应少于20天，并且在这段时间内您要持续地采取这些措施。比如"忽略法"在持续使用时就会奏效，但是如果您不坚持采取这个方法，哪怕您认为我们已经实践过了，那么这个方法依然起不到什么作用。

并且，在您刚开始忽略孩子闹脾气的时候，情况可能会变得更糟，因为在开始时孩子可能会发现他并没有受到关注，所以往往会变本加厉。

您也有必要确保自己是以正确的方式采取措施的，正如我们在书中为您推荐的那些方法一样。

如果在尝试过所有方法后，孩子的不良行为确实没有得到改善，您可能面临着一个孩子的严重的问题行为，这时您就需要向专家们寻求帮助了。

> 如果我单独和孩子在一起，可以很轻易地对孩子采取一些措施，也可以很严厉。但是在公共场合，我就不知该怎么处理了，因为我时常感到这种行为很荒唐，所以往往会向孩子妥协。我这样做对吗？我应该怎么做才好？

不，您的做法是不正确的。孩子很可能已经知道在公共场合妈妈会更脆弱，所以他在公共场合会比在家更爱闹脾气。从您的描述中，我们无从得知您在家是如何解决这个问题的，只能了解到您的方法可能很有效。

同样，在应对孩子在公共场合闹脾气的问题的时候，关键还是不要让孩子利用这个行为得到他想要的。

家长可以采取的措施有很多：预防那些可以避免的情况，在公共场合孩子即将闹脾气的时候用可以吸引他的东西分散他的注意力，提醒孩子那些定好的规矩。

但是如果孩子已经开始闹脾气了，您就应当无视他。具体就是不给予他任何关注，继续做自己的事情就好像什么也没有发生。如果当时的条件不允许您这样忽略孩子，因为这可能会造成危险，或者引起别人的反感，您可以采取"暂停时间"的方法。这个方法指的是在一段有限的时间内，把孩子暂时带离他正在进行活动的区域，孩子几岁就让他在一个相对无聊的地方待上几分钟。这个地方可以是商场的门口或者大街上的长凳。最终的目的是绝不让步，只有这样孩子才会不再闹脾气。

如果您觉得很荒唐，需要在脑中告诉自己这样做是为了孩子好。您这样教育孩子才是正确的。

> 我家的情况是这样的，我一般对孩子更加严格，可以做到在他闹脾气时无视他。但是我丈夫经常会在这时干涉我，并且为了能让孩子安静下来会满足他的任性要求。我该怎么办？

孩子应当从爸爸和妈妈那里得到一致的信息。这些信息不仅通过言语传递给孩子，而且还可以通过你们的行动来告诉孩子。在这种情况下，妈妈的做法是正确的，但是孩子的不良行为是得不到改正的，因为在爸爸那里他能得到回应和补偿。

答应他任性的要求以换得片刻宁静的做法在短期内可能会有效。孩子可能暂时不再闹脾气，但是问题还在。当再出现类似的情形时，孩子还是会闹脾气，因为他知道这招很好用。

当你们一起采取这个战术（忽略孩子）的时候，可能会在初期忍受孩子更剧烈的情绪波动，但是在比你们想象的更短的时间内，这种情绪问题一定会逐渐消失。

> 您推荐给我们的应对孩子闹脾气的最有效的办法就是无视他。但是当我们在餐厅时，无视他可能意味着对身边的其他人造成困扰，这时我们该怎么办？

说到现场处理孩子闹脾气的方法，最有效的莫过于无视他了。但是，您的问题提得非常好，在某些场合你们不可能做到完全无视他。当孩子闹脾气会对其他人造成困扰时，当孩子闹脾气闹得很凶并可能会对周围的其他人造成伤害时，当孩子闹脾气会损坏贵重物品时，你们需要寻找替代方案。

如果你们去餐厅，可以事先具体地告诉孩子你们要去哪里，希望他怎样表现。对于那些或多或少有些不安分的孩子来说，长达一个多小时的一顿饭，他要坐在宝宝椅里，还要听着大人们侃侃而谈，这些是相当煎熬的。所以，你们需要想一些法子，比如：如果有机会，可以有礼貌地离席，带孩子去一个安全的地方玩一会。你们可以带他去上厕所，也可以在上菜间隙带他到外面溜达一圈……总之要避免过度的无聊和急躁导致孩子情绪失控。

当孩子的表现告诉你们他随时可能会闹脾气时,你们在这种场合的行为习惯就需要改变一下了。孩子闹脾气时,你们无法长时间忽略他。但是你们可以告诫他,如果他继续哭闹,你们只能让他离开这里了。如果这样做不管用的话,你们应当采取"暂停时间"的方法,带他到不会影响到别人的地方待上几分钟。最好选择一个比较无聊的地方,然后让他在你们的监管下独自待够与其年龄相符的时间。

第八章

问题集

我家孩子闹脾气是否达到了问题行为的程度？

本章中的问题集属于实践练习的一部分。其主要有两个作用：一方面作为一个测试，或者说供家长对于孩子闹脾气相关的一些方面进行评估；另一方面，用于家长跟进自己的行为，从而评估自己采取的措施效果如何。

我们说到的第一个功能——测试功能，并不像心理教育领域中的标准测试那样有效和可靠。我们问题集的测试结果通常用来作为一个初步的参考。如果测试结果显示问题很严重，那么家长就有必要找相关的专家进行深入地检测，这样专家可以结合所有可能涉及的变量进行一次个性化的评估。

问题集的测试结果将会以量化的方式表达，为您的每一个回答打分，最终取得一个总分。与评估分数一起，我们也提供了一份对应的文字评估，以帮助家长更好地理解每项分值对应的含义。除此之外，参与回答问题集的人还可以结合在每一项测验中取得的分值来认识自己的优势和劣势。

本问题集的第二个功能就是跟进记录家长采取的措施是否有效。如果在进行评估过后家长取得的分值很低，理想的做法是在持续采取我们建议的方法一段时间后再次进行评估。这样一来，家长可以更客观地判断出自己是否有效地改善了情况。

导言

本问题集主要用来辅助家长评估自己孩子闹脾气的行为是否已经构成了一个严重的问题行为，是否需要专家的评估和介入。

本问题集主要受众群体是那些频繁闹脾气的孩子的家长。

本问题集也可让那些已经采取上述措施的家长用来跟进情况。正如我们上面所讲的，如果您在初次评估获得的分值偏低，那么我们建议您在持续采取我们提出的这些方法的一段时间后，再做一次评估。这样家长就可以验证自己取得了哪些进步。

具体使用步骤是选择那项最符合您孩子情况的选项。您可以参考孩子在最近两个月中的表现。

问题集

（1）您孩子一般多久闹一次脾气？

a. 一天3次或更多

b. 一天1到2次

c. 一周多次

d. 每月几次或多次

（2）不管孩子闹脾气的频率，他每次闹脾气持续多久才能安静下来？

a. 超过15分钟

b. 10分钟左右

c. 一般不到10分钟

d. 一般5分钟内就会好

（3）孩子一般都爱在哪些地方闹脾气？

a. 任何地方，甚至在学校跟老师也闹脾气

b. 很少在学校闹脾气，但是在公共场合比较频繁

c. 一般在我们自己家里或者亲戚、朋友家里

d. 只在自己家闹脾气

（4）孩子是怎样停止闹脾气的？

a. 通常是因为我们向他让步

b. 看当时的情况，有时是我们妥协有时不是

c. 大部分时间我们不会让他如愿

d. 我们几乎从不向他妥协

（5）当孩子闹脾气的时候……

a. 差不多总是破坏或者想要破坏家里的贵重物品，他自己的也好别人的也好，装饰品、玩具或者家具之类的

b. 有时他会破坏或者想要搞破坏

c. 只破坏过几次，通常不会这样

d. 从来没破坏过东西

（6）孩子闹脾气的时候……

a. 几乎总会伤害家长或者其他孩子

b. 有时，他会伤害或者意图伤害家长或者其他小朋友

c. 有时闹脾气的时候会威胁要伤害家长，但是很少这样做

d. 从未伤害或者意图伤害过别人

（7）孩子闹脾气的时候……

a. 经常打自己、敲打自己的脑袋或者做出其他伤害自己的行为

b. 有时会试图自残：打自己的头或者揪自己的头发等

c. 偶尔会这样，但是一般不会这么做

d. 从未表现出自残的行为

（8）我们的孩子除了闹脾气外……

a. 时常不信任我们

b. 并不会不信任我们，但是他有很多其他问题行为，比如不听话。他有呼吸障碍并且睡眠不好

c. 他有其他问题行为，比如不集中注意力或者不听话，但是不会不信任我们。他没有呼吸问题和睡眠问题

d. 除了闹脾气外没有其他问题行为

（9）由于孩子闹脾气……

a. 家人的习惯和生活都被迫改变了。我们尽量不接受来访，也不出门

b. 我们改变了一些家庭生活习惯

c. 我们并没有改变什么习惯，但是需要采取一些预防手段，比如出门购物的时候

d. 我们并未因此改变任何家里的生活习惯

（10）家长认为孩子闹脾气的行为……

a. 已经对孩子的情绪、学习和与其他孩子的关系造成了严重的影响

b. 在某些方面，在某些时候会对孩子造成影响

c. 只有偶尔会影响孩子，大部分时间不会

d. 从未对孩子的各个方面造成任何影响，只不过在闹脾气的时候会有一点影响

评估标准以及答案解读

您一旦完成问题集，就可以参考下面的标准来给每道题进行打分了：选项a = 0分，选项b = 4分，选项c = 7分，选项d = 10分。

如果您的总得分在0到25分之间，或者大部分选项是a，这就意味着您孩子闹情绪的行为已经上升到问题行为了，需要尽快治疗。而且有可能您孩子的问题很多，而闹脾气只是其中一个表现。此时我们建议您请专家来为孩子的情况进行评估并且对孩子进行相应的治疗。同时，我们也建议家长反省自己在处理孩子问题行为时的做法是否妥当。

在这种情况下，我们建议您在实行至少一个月的措施后再次填写本问题集。

如果您的总得分在26到45分之间，或者大部分答案是选项b，这就说明您家孩子闹情绪这种情况是一个客观的问题行为，并且有可能会加剧。评分的时候需要注意在第1、3、5、6、7、8和10题中，您选择了多少个选项a。如果您在上述题目的答案中有3个或超过3个选项a，则说明您的

孩子很可能有问题行为。这种情况下，您有必要请专家对孩子和您应对孩子闹脾气的方式进行评估。

若您的得分在这个区间内，我们建议您在采用了我们的建议至少一个月后再次填写问题集，以跟进情况的变化。

如果初次评估的得分低于26分，第二次的结果介于26分和45分之间，这说明孩子的状况有所改善，但是这些进步并不够，所以需要继续采取改进措施。

当得分介于46分到75分之间，或者您大部分的选择是选项c时，说明您的孩子闹脾气的情况只是轻度的问题行为，您需要继续改进教育方法、改变家庭氛围，以及改进应对孩子闹情绪时的方法，届时孩子的问题就会消失。在您的答案中出现的选项a或者选项b可能说明，在这些方面问题略显严重，以及有恶化的趋势。

如果您在首次评估后就获得这个分数，这说明您参考本书中所采用的干预办法非常有效。如果家长在这个级别不进行干预的话，孩子闹脾气的问题可能会随着时间的推移逐渐演变为问题行为。

如果您这次的得分已经不是初次得分，而是在实践了一段时间我们的方法后的跟进结果，特别是当您的初次分值低于46分时，这说明了您所采取的方法很大程度上改善了孩子的问题，甚至使其整体行为得到了改善。

得分介于76分到100分或者大部分的选择是选项d，说明您孩子闹脾气的行为，就目前而言并不构成问题行为。当在第1、4、5、6、7、8和10题中选择越多的选项d，就意味着您的孩子越健康。

但是，您孩子闹脾气的问题不构成问题行为，并不代表家长不应该采取相应的措施来纠正孩子闹脾气的情况。在这个级别，您需要采取更多的预防措施。

当您初次得分低于46分时，并且在实施了一段时间我们的策略后，获得的分数属于这个区间，那么这说明这些策略对孩子行为的改进十分有效并且孩子的进步也是显而易见的。

家长在处理孩子闹脾气时的行为评估

导言

下面的问题集旨在对家长应对孩子闹脾气时的行为进行评估。评估结果则会证明您的解决方式正确与否，以及您的行为是正在导致孩子更频繁地闹脾气，还是正在逐渐或者完全消除孩子这方面的问题。

本问题集也可以用来证明一些家长采用的应对方法是不同的，这么做的目的并不是用于比较，而是旨在证明家长各自做法的优点和缺点。从每位家长获得的不同得分就可以看出，谁平时花更多的时间陪伴孩子，或者谁更频繁地使自己和孩子置于我们在后面问题中描述的那些"危机情况"之中。

此外，像本书中的其他问题集一样，本问题集也可用作跟进，特别是当初次总分低于46分时。由此家长可以用分值来证明自己取得的进步，同时分值的提高所反映出的就是家长在相应方面的进步。

具体操作步骤是选择那项最符合您应对您孩子闹脾气情况的选项。您可以参考您在最近两个月中的表现。

问题集

（1）假设您的孩子正在超市里闹脾气，在收银台嚷嚷着要糖果，您拒绝了他。这时您会怎么做？

a. 只要他不再矫情，就给他买

b. 尝试说服他，跟他讲道理或者威胁他，但是如果他继续坚持我只好妥协

c. 一般我都会无视他的吵闹并且不会向他妥协，但是如果他闹得太久了我还是会买给他

d. 他越是任性我越不买给他，无论他闹得再凶再久

（2）在他最喜欢的动画片开始前您叫他把玩具收好。但是您的孩子开始闹脾气，因为他并不想收拾。这时您会怎么做？

a. 我会跟他据理力争，但是最后如果他还坚持不收拾，我也会让他去看电视，然后我自己收拾

b. 我会叫他看完电视再收拾，但是最后还是我来收拾

c. 一般他不收拾我就不让他去看电视。如果我让他去看电视，也会在之后叫他去收拾，但是我偶尔还是会妥协

d. 我总表现得很坚定，只要他不收拾就别想看电视，哪怕他再怎么闹脾气或者不看电视，我也会叫他收拾

（3）当您的孩子闹脾气的时候，您一般会怎么做？

a. 用善意的谎言来哄骗他或者威胁他，比如再这样警察就要来抓他了

b. 警告他我即将惩罚他，但我几乎没有真正惩罚过他

c. 告诫他再这样的话就会被惩罚，而且我基本言出必行

d. 我通常会无视他，只有他闹够了我才再理会他

（4）当您的孩子在公共场合哭闹时，您一般会有怎样的感受？

a. 我会对此感到没有安全感、很羞耻，以及无能为力

b. 我会感到最终是孩子掌控着局势

c. 我虽然知道怎么做是对的，但是往往对我来说很不值得，并且那样做也不会被周围的人理解

d. 哪怕这种情形让我再不舒服，我也十分明确自己该怎么做

（5）当您的孩子闹脾气时，你们夫妻双方是如何反应的？

a. 我们几乎从未对此达成过一致，并且往往是我们自己让情况变得更糟糕

b. 我们往往在最初会达成一致，但是如果孩子一直闹，我们其中一方一定会妥协

c.一般我俩中总会有一个人去主导控制情况,而另外一个人则会待在一旁避免干预进来

d.我们俩都知道该如何做,并且我们是这样做的

(6)当你们在逛街的时候,孩子执意要坐电动木马玩具,但是你们并不愿意每次经过那里的时候都要停下来玩一会,所以孩子开始闹脾气了。你们会怎么做?

a.我们会努力说服他,但是往往他稍微坚持一下我们就妥协了

b.我们通常会分散他的注意力,或者哄骗他说小马坏掉了,但如果他一闹再闹我们还是会让他上去

c.除非他闹得特别厉害,否则我们都会明确拒绝他并坚持我们的立场

d.我们会努力忽视他,即使他一再坚持,我们也不会让步,就算最后我们都很不高兴

(7)很多孩子在乘车的时候,特别是当他们感到累了的时候就爱闹脾气。您是怎样应对孩子在车内闹脾气这种情况的?

a.一般是在孩子受不了的情况下我才会停车休息

b.我一般不会事先为此做好准备,总是看情况随机应变

c.为了避免他闹脾气,我一般选择在夜间出行,这样孩子就会在路上睡觉或者我会频繁地停车休息

d.我会很关注他的情绪,所以会经常停车休息,并且会为孩子准备好一路上的娱乐活动

(8)有时候,当孩子明白家里的其他人会给他撑腰的时候,就会闹脾气,比如叔叔婶婶或者爷爷奶奶。这种情况你们一般会怎么做?

a.往往我们会迫于家里人的压力,为了避免争执,向孩子妥协,满足他的要求

b.我们往往为了避免与家人争执而选择妥协

c. 我们通常很坚定并且告诉他们这样会把孩子教坏

d. 我们一直坚守自己的培养之道，否则孩子会被教坏

（9）有时孩子会在公共场合闹脾气，比如餐厅，而这时您不可能无视他的行为。您会怎么做？

a. 为了避免这种情况发生，我选择不去这类孩子以前闹过脾气的公共场所

b. 为了不让他挑起更大的事端，我往往会选择继续忍受他的不良行为

c. 我会给孩子带些供他娱乐的东西，如果他还是闹脾气，我就威胁他回家会惩罚他

d. 如果他不乖，我会当即惩罚他，比如让他到外面的某个地方反省几分钟

（10）您的孩子闹脾气都是如何收场的？

a. 我每次都会让步，最后孩子得到他想要的

b. 我经常妥协

c. 根据情况我有时会让步，但是大部分时间我都不会让他得到他想要的

d. 我几乎从不向孩子的这种行为妥协

评估标准以及答案解读

完成问题集后，您就可以参考下面的标准来给每道题进行打分了：选项 a = 0 分，选项 b = 4 分，选项 c = 7 分，选项 d = 10 分。

若您总分在 0 到 25 分之间，或者大部分答案为选项 a 时，这说明您应对孩子闹脾气的方式是完全错误的。孩子总能通过这种行为得其所愿，而这恰恰会纵容他故技重施，因为这对他来说太有效了。这种情况无异于鼓励孩子多闹脾气。

如您选择了第 1、2、6、9、10 题中的选项 a 就足以证明您的孩子正如鱼得水，所以，他们怎么可能改掉这个坏习惯呢？

而第 3、4、5、8 题中的选项 a 则完美地指出了都是哪些因素导致了

您在教育孩子上使用了错误方法。

有可能是孩子的行为有失妥当，他也会表现出除了闹脾气外的其他问题行为。这也有可能是因为您教育孩子的方式出现了问题。

我们建议您好好反省一下自己的教育方式，立即改变一下自己不好的行为，否则孩子的行为将会变成一个真正的严重的问题行为。我们还建议如果家长改变了自己的行为，要再次填写这个问题集以明确自己的进步。

总分介于26分到45分之间或者大多数为选项b时，说明您努力想要正确地处理孩子闹脾气的行为，并且在某些孩子闹脾气的情况下，作为家长你们的处理方式是对的。但总体上，您处理孩子闹脾气的方式是有问题的，并且每次都是由孩子来左右事情的发展。这样同样也会使得孩子更频繁地闹脾气。

如果您更多地选择选项b，这说明您并不能持之以恒，面对孩子持续地闹脾气很快便做出让步。那些您选择选项c或者选项d的情况是您的优点，并能够给您指出应该如何应对孩子全部的行为。

如果您是在采取了一段时间措施后的第二次评估时取得了这个分数，尤其是初次评估总分低于26分的情况下，这说明您已经取得了一些进步，但是还不够。

得分介于46到75分之间，或者大部分答案为选项c时，这代表总体上您在把控孩子闹脾气这方面做得还不错。很可能您只是欠缺坚持采用那些正确的方法或者没有把每一个情况都把握好。这个得分情况说明您已经做好了准备，但是当孩子闹得很凶的时候，您往往还是会让步。

有必要回过头来检查一下您做出的选择：在第1、2、6和10题中答案为选项a或者选项b表明了有一些关键方面你还没有掌握。如果您在这些问题的答案是c或者d之类，这是一个好的兆头，说明你在整体上处理得非常得当。

但是，如果您在第3、4、5、7、8或者第9题选择了选项a或选项b，这说明可能您的问题是由其他的相关因素或者更具体的情况造成的。

如果您是在采取了一段时间措施后进行第二次评估时取得了这个分数，尤其是初次评估总分低于46分的情况下，这说明您的进步很显著并且孩子的行为也得到了改善。

如果您的得分在76分到100分之间或者大部分答案为选项d时，这说明您处理孩子闹脾气的方式非常妥当，当您孩子闹脾气时您能够正确地应对，从而彻底根除这个行为。

选项d的关键在于第1、2、6题，以及第10题。它们是您正确行为的最好体现。

在这个分数区间内，如果您在第4、5、7或8题中选择了选项b或选项c，这说明您在某些具体的方面仍有待改进，但是这些方面与孩子闹脾气的关系并不大。

若您已经是作为跟进第二次进行这个评估的话，特别是当您初次得分低于46分，然后参考我们的建议实践了一段时间后，会发现您的进步是显而易见的，并且您的处理方式也无可挑剔。此时，很可能您的孩子的整体言行也都得到了很大的改善。

家长教育方式评估

导言

在本书中，我们已经看到教育方式是孩子闹脾气这一行为最重要的条件因素之一，这个因素在家长评估孩子行为时，以及消除这些行为时起着至关重要的作用。

教育方式是家长用来教育孩子、处理与孩子发生的冲突的策略。

本问题集旨在针对家长的教育方式进行一个整体的评估，从而判断他们的教育方式正确与否，让他们了解自己现在所采用的方式到底对孩子闹脾气这个行为有什么积极或者消极的影响。

同时本问题集也能够帮助您了解您的哪些教育方式是正确的，哪些有待改进。

同其他问题集一样，本问题集也可以用作跟进记录的工具，以客观的形式证明家长在教育子女方面取得的进步，尤其是当家长首次评分低于50分时。

具体操作步骤是选择那项最符合您应对孩子闹脾气的情况的选项。您可以参考您在最近两个月中的表现。

问题集

（1）当我们说"不"的时候，不管孩子再怎么哭、怎么闹，我们也不会改口。

a. 总是或几乎一直如此，孩子的不良行为并不会改变我们的决定

b. 经常是这样，但有时孩子闹得厉害，我们会改变原来的决定

c. 有时会这样，大多数情况下孩子会迫使我们改变决定

d. 只要孩子哭闹，我们几乎从来没能坚守住我们的决定

（2）在家里我们定下了明确且具体的规矩，孩子明确地懂得我们对他的要求。

a. 几乎总是这样的，规矩对孩子来讲清楚明了

b. 经常这样，但是有时候我们也会因为心情而改变我们的要求

c. 只是偶尔会这样，因为规矩定得并不是很清晰

d. 我家几乎从不这样，由于一些原因，并没有给孩子定下固定的规矩

（3）如果孩子不遵守规矩的话，我们会采取措施。就是说孩子应该为自己的不良行为承担后果。

a. 当孩子不守规矩的时候，我们总是或者几乎总是采取相应的措施

b. 我们经常采取一些措施，但偶尔也会高抬贵手

c. 我们只是偶尔会在孩子不守规矩的时候惩罚他

d. 孩子不守规矩或者越界的时候，我们从来都不会去惩罚他

（4）当孩子不守规矩时，我们往往会实行我们定下的惩罚措施。

a. 总是或者几乎总是如此

b. 大多数情况下我们会这样做，但偶尔也会食言

c. 大部分时候我们都没有做到我们定下的惩罚措施，或者是因为不够坚持，或者因为其他情况

d. 我们几乎没实施过我们定下的惩罚措施，一般也就是威胁一下孩子

（5）在教育孩子、给孩子提出要求、制订规矩，以及将所有的教育方式付诸实践时。

a. 我们总能做到持之以恒，很少掉链子

b. 一般我们都能坚持，但有时也会偷懒

c. 大多数时候我们在这些方面都没有什么毅力

d. 我们在实践这些教育方法的时候总是没什么恒心

（6）就我们自己的言行举止而言，我们可以认为自己为孩子树立了好榜样。

a. 我们总是这样

b. 大部分情况下我们都树立了榜样，但是有些情况下在某些方面并没有

c. 我们知道自己在某些方面应该做得更好才能成为孩子的行为模范

d. 大部分时候我们并没有在如何做出得当的言行举止方面为孩子树立好榜样

（7）我们往往会对孩子的乖表现给予特别的关注。

a. 我们总是这样

b. 我们经常会这样

c. 我们无意间总会把注意力放在孩子的不良行为上，有时也会关注他好的表现

d.我们往往只关注孩子不好的表现,然后批评他、纠正他,相比之下,我们不怎么关注孩子好的表现

(8)在处理孩子的问题时,父母双方一般都能达成一致。

a.总是或几乎总是如此

b.一般我们都会商量好。但无论如何,我们不会当着孩子的面发生争执

c.有时我们会当着孩子的面表达我们的不同观点,互相驳斥对方

d.我们经常当着孩子的面互相驳斥对方的意见

(9)我们会表扬孩子的良好行为。

a.我们总是或几乎总是会通过表扬来认可他的乖表现

b.大部分情况下,当他言行得当的时候,我们会表扬他

c.我们有时会表扬他,但是大多数时候并不会因此而夸赞他

d.我们几乎不会表扬他的良好行为

(10)我们时常过度保护我们的孩子,无意间限制了他的自主性。

a.我们几乎从不会这样。我们会保护他的安全,但是会让他做一切他可以独立完成的事情,那些符合他年龄的事情

b.大部分时间我们是不会过度保护他的,除了例外的情况,比如让他去参加郊游

c.我们经常对他过度保护,太惯着他了

d.我们承认我们一直以来都这样过度保护着他

评估标准以及答案解读

完成问题集后,您就可以参考下面的标准来给每道题进行打分了:选项a = 10分,选项b = 7分,选项c = 4分,选项d = 0分。

如果您的总分介于0到30之间,或者大部分答案选择选项d时,这说

明您的教育方式是完全不正确的。这样的教育只会让孩子产生更多的不良行为。

这种情况下我们建议您立即开始改进自己的教育方式，可以从第1、2、3、4和6题的选项d这些方面来入手。同时，您可以请专家来对您的教育方式进行评估并且给您提供一些具体的建议。

如果您的得分属于这个分数区间，我们也建议您在努力改进一段时间后再次进行本评估。

如果您得分在31到55分之间，或者大部分答案为选项c，这表示在有些情况下您的教育方式是正确的，但是总体上您对孩子的教育方式是有问题的。这种情况下，虽然不及前面的分数区间情况那么严重，但是错误的教育方式会对孩子的行为产生消极的影响。有可能会有其他相关因素共同影响孩子，比如缺乏恒心、家庭环境混乱或者过于压抑。

尽管您的得分不高，但是在一些问题中如果您选择了选项b或者选项a，说明在这些情况下您的方法是恰当的。

无论如何，您有必要尽快努力改进自己的教育方式，为此，您可以请专家对您进行一次更准确的评估，然后为您提供具体的建议。若您在第1、2、3、4和6题选择了选项d，这标志着情况已经非常严重了，需要尽快咨询专家。

如果您的总分属于这个区间，我们建议您在改进教育方式一段时间后再次进行评估，作为跟进对比。

得分介于56到75之间或者更多答案选择选项b时，说明整体上您的教育方法是正确的，您可能需要在所有的情况下都保持使用恰当的方法，也就是说不是要几乎正确而是要总是正确。

如果您获得的总分属于这个区间，同时在某些问题选了选项c或者选项d，这说明总体上您的教育方式是没有问题的，但是在某些具体的情况下亟须改进，尤其当您在第1、2、3、4题或第6题选择选项c或选项d时。

也有可能您的孩子行为良好，暂时不需要您对他如此严苛。

如果您已经是在持续采取措施一段时间后第二次填写本问题集，特别是首次得分低于55分时,这可以看出您的进步是相当之大的,可能您现在的教育方式正在积极地影响着您孩子的举止。

当您的总分介于76分到100分之间或者大部分的答案为选项a时,这意味着您所采用的教育方式是非常正确的。这种情况下,孩子的行为也应该很得当。如果您的孩子行为存在问题,在排除掉您教育方法的问题后,有必要研究一下其他相关因素。

您选择选项c或选项d表明这是您需要优先改进的方面。选择选项b则意味着您应当更持续地采取正确的教育方式,或者说,应该将正确的方法一直采用下去。

当您将本问题集用作跟进评估并获得了这个分数,并且初次得分低于55分,那么您的进步可以说是显而易见的,并且您的表现是非常值得肯定的。很可能由于您的改进,孩子的整体行为也得到了巨大的改善。

第九章

实际案例及解决方案

这一部分的实践操作旨在进行案例研究。接下来我们会给出两个可能与我们本书中探讨的话题相关的案例。

第一个案例描述了一个在小孩子身上经常出现的闹脾气的情况。第二个专注于10岁孩子所表现出的问题行为。这些行为的目的与小孩子闹脾气的目的是完全一致的。

每个案例给出了家长两种不同的应对和解决方式。

本练习的主要目的是验证每位家长在应对和掌控局势时所采取的策略。从中不仅能看出策略，也能看出其背后的思考和感情。

本练习的另外一个目的是让大家看到不同的解决方式会分别带来怎样的后果。在一些情况下，闹脾气或诸如此类的不良行为会减轻或者完全消失；在另外一些情况下，则正好相反，这些不良行为会被孩子利用来达到其目的，从而得到巩固和加强。

最后，这个练习将会帮助您通过对比案例中的解决方案，来判断您自己的解决方案是否妥当，如果有必要，您可以就某些方面进行适当的改进。

案例1：米盖尔和伊莎贝尔在公园

米盖尔是一个5岁小姑娘的父亲，他的女儿相当淘气。有时家长不同意她的要求，她就闹脾气。

伊莎贝尔是一个5岁小男孩的母亲，她儿子的行为跟米盖尔女儿的非常相似。

接下来我们设想一个对于这两位家长很典型的场景，并给出两种不同的应对方式，以便您来选择您认为恰当的那个。这个场景我们将它命名为"公园里的下午"。

米盖尔通常每天下午带他的女儿去社区里的公园玩耍。伊莎贝尔也会去位于城市另外一边的公园。公园里也有其他小朋友，以及他们的爸爸妈妈和爷爷奶奶。

米盖尔和伊莎贝尔互不相识，但是他们有很多共同点。对于这两个人来说，结束游玩回家的时刻永远是一个冲突频发的时刻。他们的孩子试图用自己的行为来延长娱乐时间。他们则希望下午6点30分就结束游玩，然后回家洗个澡，安安心心地享用晚餐，之后上床休息。

一般在6点20分左右，米盖尔和伊莎贝尔就会通知孩子们再玩一会就该回家了。两个孩子也往往用同样的方式回应：

"不要，现在还早，再玩一会！"

到了6点30分，这两位家长再次告诉他们的孩子该回家了。这时，两个孩子喊叫着回应道：

"不要！咱们先别走，我不走！"

此时，米盖尔这样想：现在好像并不适合把她强制带走。如果我这样做她会大闹一场，而且当着这么多人的面会闹得更厉害。我还是再等等，看她一会会不会好说话一点。

而伊莎贝尔是这样想的：时间到了，反正他也会哭的。我得行动了，就算他不乐意我也要带他回家。

此刻您会怎么做呢？是像米盖尔那样，还是像伊莎贝尔那样？

米盖尔的做法

面对女儿的消极回应并出于对于可能会发生不愉快情况的担心,他决定等几分钟,看是否能够说服女儿。而他的女儿,此时也已经发现,她的行为能够有效地延长她游玩的时间。

过了一会,米盖尔再次对女儿说道:

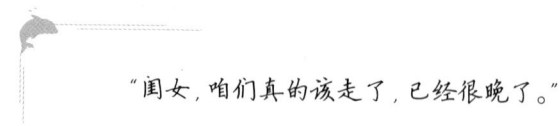

> "闺女,咱们真的该走了,已经很晚了。"

但是此时孩子正在兴头上,再次以不好的方式拒绝了父亲,因为她清楚她能够再次延长自己的游玩时间。而此时,米盖尔在意在场的其他家长对自己的看法,并且也明白了一直是女儿掌控着局面,而闹脾气恐怕也在所难免了。

这时他决定采取行动,但是又不是很坚定。他开始尝试跟女儿讲道理,告诉她已经很晚了,现在该回家了。但是孩子才不会理会父亲的话,继续玩着。

米盖尔看了看表:已经6点45分了。这时他开始焦虑了起来,然后再次介入了进来。等女儿一靠近他,他就拉住了女儿的胳膊想要把她带走。但是小女孩一下倒在了地上,大声喊道:

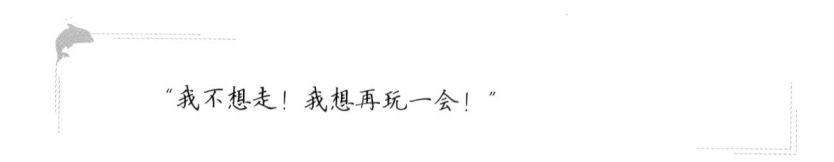

> "我不想走!我想再玩一会!"

米盖尔边等边告诉女儿说,妈妈已经在等他们了,并且威胁她下次不会再来了。但是他的女儿却无动于衷,又回去接着玩了起来。时针已经接近7点了,此时忍无可忍的父亲抓住了女儿的胳膊,任凭他的女儿大喊大哭。

生气的爸爸带着女儿径直地向家走去,并没有顾得上同其他家长告别。女儿此刻在歇斯底里地哭嚎着,而爸爸的脑海里此时早已充满了各种回到家后惩罚女儿的方式。

伊莎贝尔的做法

面对儿子的拒绝,伊莎贝尔认为说好的时间已经到了,如果这次延长时间,以后每次都会出现同样的问题。并且她相信,就算让儿子多玩一会,最后孩子也不会听她的话离开的。

然后她坚定地走向儿子,提醒他定好的规矩:

> "儿子,你知道的,时间到了,我们该走了。"

她的儿子并不买账:

> "可是我想再玩一小会。"
>
> 妈妈解释道:"等我们到家了,我们就能见到爸爸了,你还要洗澡,然后咱们吃晚饭,而且你知道吗,睡觉前妈妈会给你讲故事哦。"

但是孩子依旧听不进去。

这时妈妈行动了:抓起孩子的手,但是孩子赖在地上开始闹脾气。伊莎贝尔让他在地上闹,同时独自往家的方向走了大概15米远,这期间伊莎贝尔并未明显地理会,也没有等待她的儿子。

伊莎贝尔也对她家孩子的这场闹剧感到羞愧,因为在场的很多家长并不理解她的做法。但是伊莎贝尔坚信她的做法是对的。

她悄悄地观察她的儿子此时的举动,孩子还在继续哭着。她知道如果孩子再回去玩她该怎么做:那就必须拽着他的胳膊硬把他从那里带走,而且没有一丝商量的余地。

伊莎贝尔又等了几分钟,这几分钟对她来说很漫长。随后她又故意向前走了几步再离孩子远一点,此时,她的儿子站了起来,哭着走向了她。

伊莎贝尔拉着孩子的手,既没有理会孩子的抱怨,也没有对他说什么,径直向家走去。一进家门,妈妈平静地告诉儿子他今天在公园不乖,表现得很不好。

伊莎贝尔还告诉儿子说,当妈妈告诉他到时间该回家的时候,他应该向其他小朋友告别,然后跟妈妈回家。她也会解释说,其实妈妈很喜欢在公园陪他,看着他玩,但是家里还有好多事情要做。

最后,她会告诉儿子明天不会去公园玩,因为之前已经警告过他了,如果他不遵守回家的时间,第二天他们就不会去玩。

这一天的剩余时间都一切照旧,就像什么都没有发生过。伊莎贝尔也不会再提到此事了。

不同的做法引发的不同后果

米盖尔的情况

他的女儿学会了操控她父亲的决定。她明白通过不听从、忽视,以及央求,能够延长自己在公园的游乐时间。她也逐渐明白她的行为是非常有效的。

怒气冲冲的米盖尔在回家路上想出来的那一系列的惩罚措施很可能到家后就没有下文了。因为当他回到了家冷静下来以后,会觉得这些惩罚是不合适的,所以自然就不会采取这些措施了。所以,他女儿的不良行为不仅成效卓然,而且也没有给她自己带来任何的后果。

总之,下次在公园她很可能还会发生这种情况,并且这种行为会延伸到其他类似的情境下,当她的家长做出了她不喜欢的决定时,她就会故技重施。

伊莎贝尔的情况

如果她长期以这种方式来解决这个问题,她的儿子会记住妈妈说时间到的时候是不会让步的,闹脾气毫无用处,根本无法帮他拖延玩乐的时间。

并且,他也记住了,不听妈妈的话或者不遵守时间就会有不好的后果等着他,比如,第二天去不了公园玩。

这样一来,很可能等下次该回家的时候,孩子就不会再闹脾气了,因为这种行为不但没什么用,还会让自己付出代价。

案例2:到了该关电脑的时间了

艾琳10岁了,她习惯在网上与她的朋友和同学们聊天。她的妈妈允许她在傍晚结束学习后上网,在晚饭前可以聊45分钟左右。

吉列尔莫跟艾琳是同班同学,今年也10岁了。他喜欢在电脑上玩足球游戏。他的妈妈也允许他在写完作业以后,晚饭前玩一会。

这两位母亲几乎每晚都面临着同样的问题。每次晚饭都上桌了,孩子却迟迟不来。关电脑来吃饭的这个时刻就变成了每晚的冲突时刻。

无论在哪种情况下,事情都是以同一种方式开始的:妈妈们通知孩子晚饭都做好了,该关上电脑然后过来吃饭。而孩子们在这时的反应也是出奇的一致:

"马上就来，我马上好。"

但是实际上，他们并没有打算结束。艾琳跟朋友们的告别变得遥遥无期。而吉列尔莫的足球比赛总是还剩那最关键的几分钟。

艾琳的妈妈此时想：

"昨晚的一幕又要重演。这次我要坚定，但是这样就无法避免大声哭喊了，孩子也会劈头盖脸地吐槽我，可真不是轻松的一天啊。但是我也不能让这件事就这么过去。我如果不采取措施，就是一个不负责任、没有毅力的妈妈，就是我先破坏了我们想让女儿遵守的规矩，还怎么来要求女儿遵守呢。哎，但是这孩子也真是不懂事……"

而吉列尔莫的妈妈是这样想的：

"又来了，真是没完没了。倒要看看他今天会不会理我，关上电脑，然后我们一起安安静静地吃个饭。我实在是受不了每晚都跟他因为这件事吵架了……要是他不愿意吃饭，就随他吧。"

如果是您的话，您会怎么做？像艾琳的妈妈那样，还是吉列尔莫的妈妈那样？

艾琳妈妈的做法

从第一次通知后已经过去了几分钟了，妈妈又到艾琳的房间来叫她，这时语气更加坚定。

> "艾琳，我跟你说过了来吃饭，晚饭已经做好了，你不是说你这就来吗？赶快关上电脑来饭厅。"
>
> "你没有看到我在跟朋友告别吗？你真没耐心！"艾琳边打字边回应道。
>
> 妈妈警告她说：
>
> "如果3分钟之内你不来吃饭，我就把电脑给你关上，明天你也不许再上网了。"
>
> "我这就来……"女儿并没有太在意妈妈的话，边打着字回答朋友边回应道。

实际上，艾琳已经计划好当她妈妈再回来的时候就关机……当然，如果妈妈真的再来叫她的话，她就关机。

但是，约定的3分钟过去了，这3分钟对于妈妈来说度"秒"如年，而对于女儿来说却稍纵即逝。明知道女儿会闹脾气，妈妈还是决定行动起来。她进入女儿的房间，不容分说地直接切断了电脑的电源。

艾琳尖叫道：

"你干了什么？我刚才正要跟朱莉娅说一件重要的事呢。你真是一个没有耐心的妈妈，什么也不让我做！为什么我们家要这么早吃晚饭？我不饿，我不想吃晚饭，我不要……"

此时，艾琳的妈妈努力保持镇静，然后告诉她明天她不可以上网，并且再次要求她上桌吃饭。

"你真是太过分了，这不公平！"艾琳回答道，"我不想吃晚饭，我不饿。"

艾琳的妈妈站在门口等着女儿去吃饭。女儿也不停地责怪妈妈，还威胁说明天就要上网，边说边耍着臭脾气。

艾琳的妈妈虽然此时早已没了胃口，但并没有理会女儿的责怪，准备坐下来吃饭。这时她安慰自己道，此时所做的都是对的，作为妈妈的责任感告诉她应该遵守规矩，就算孩子闹脾气也好。

艾琳尝了一口菜，一脸嫌弃地说不想吃晚饭，不喜欢这些菜，并且晚饭已经凉了。妈妈则在一边努力地无视她。女儿问是否可以离开桌子回房间去，妈妈回答说她必须在桌前等到晚饭结束，别人不应该忍受她的臭脾气。

艾琳还在闹着脾气，继续责怪她的妈妈。妈妈则继续装作没听到，虽然女儿的话让她十分心痛。

妈妈不会为她再做一顿晚饭，也不会给她热盘子里的菜。晚饭后，她开始收拾桌子，然后像往常一样忙到了睡觉时间。

第二天下午，妈妈提醒她不可以上网，因为昨天已经警告过她了。艾琳央求妈妈，向妈妈道歉说下次再也不会闹脾气了。但是妈妈表现得十分坚决。

"你知道我们家的规矩。我跟你说该吃饭的时候你要过来吃饭。否则，第二天你就不能上网。"

最终，这个下午，艾琳没能跟她的朋友们聊天。

吉列尔莫妈妈的做法

在第一次通知过后，吉列尔莫的妈妈再次来到了儿子的房间，告诉他晚饭已经做好了，他必须要关上电脑来吃晚饭了，这是第二次通知。

吉列尔莫也再次回答说他这就结束，马上就来。

此时他的妈妈并没有等他，而是自己先吃了。她也不知道今晚除了与儿子争辩以外还能怎么做。但是，当晚饭进行得差不多了，妈妈看到吉列尔莫又兴致勃勃地玩了起来，感到非常绝望。终于，她决定行动了，因为没法指望儿子自觉过来了。

她来到了孩子的房间，再次确认孩子还在玩，并且看上去并没有要停下来的意思。

"吉列尔莫，我跟你说了很多次来吃饭。菜都凉了……"妈妈指责儿子说。

"我这就来！你真讨厌！干嘛不让我玩游戏！而且

"我也不饿，现在吃饭太早了！"吉列尔莫目不转睛地盯着屏幕回答他妈妈。

"别再玩了，否则我就停你一周的游戏。"妈妈一边威胁一边回到了餐桌。

"让我玩完这局就来。这就结束了……"儿子央求道。

"3分钟之后我要你坐到餐桌这里来。"妈妈最终命令道。

5分钟过去了，妈妈忍无可忍，冲到了儿子的房间，告诉他这一周不许玩电脑，并且命令他立刻来吃饭。再不来，她就亲自拔掉电源。

吉列尔莫看到妈妈这次真的急了，一边抱怨着，一边把电脑关上了。

"我受够了，你不让我玩游戏，我每次都要在最关键的时刻退出，你只在乎你的事情，吃晚饭，收拾桌子……"

吉列尔莫一脸不耐烦地走到饭厅，嘴里抱怨个不停。

"我不想吃饭，我不喜欢吃这些。"

他尝了一口，然后放下餐具，抱怨饭菜都凉了。

妈妈也回应道要是他听话早点过来，饭菜还热着。她因为儿子的恼怒感到愧疚，并且儿子责怪的话也让她难受好一阵。最后她还是决定把饭菜热一热，同时等她的儿子冷静一下。

第二天，大家都忘了前天发生的事。因为妈妈认为让儿子一个礼拜不玩电脑十分不靠谱，所以选择假装忘记了。

不同的做法引发的不同后果

艾琳的妈妈

对于这位妈妈来说，坚定地实施措施确实付出了很高的代价。这意味着她要忍受孩子的责怪，看着孩子几乎没吃晚饭就躺下了，并且一整晚都在生气中度过。但即使这样，女儿再闹脾气也没法改变母亲起初就决定好的关于上网时限和晚饭时间的规定。

如果继续这样的话，她的教育方式会越来越有效。很可能到了晚饭时间，艾琳就会按时关上电脑去吃晚饭。因为她已经知道了妈妈会动真格的，并且自己也会承担不听话的后果，比如吃冷掉的饭菜，并且第二天不能上网。

即便最初需要很大的努力，但是在短期内（也许一周），妈妈就能让艾琳在一次通知之后就乖乖地、毫无怨言地来吃饭。

吉列尔莫的妈妈

对于她来说，事情可能看起来并没有那么费劲，但是从长期来看，这样做是很低效的。

吉列尔莫会记住妈妈的通知，但无法让自己从游戏中停下来，他的游戏时间可以比原定的要久很多。

另外，很快他就能知道那些所谓的惩罚措施，就比如一周不能玩游戏这类威胁，根本不会被兑现。

所以，吉列尔莫很可能会在每一个晚上都使出同样的策略来让自己多玩一会游戏，同时也不用承担任何后果。

参考书目

• AJURIAGUERRA, J. de (1977), *Manual de psiquiatría infantil* (4ª ed.), Barcelona, Masson.

• ALCANTUD, F. (2003), *Intervención psicoeducativa en niños con TGD*, Madrid, Pirámide.

• ASOCIACIÓN AMERICANA DE PSIQUIATRÍA (2002), *DSM-IV-TR. Manual diagnóstico y estadístico de los trastornos mentales (rev.)*, Barcelona, Masson.

• EZPELETA, Lourdes (editora)(2005), *Factores de riesgo en psicopatología del desarrollo*, Barcelona, Masson.

• GARBER, S. (1993), *Portarse bien: soluciones prácticas para los problemas comunes de la infancia*, Barcelona, Medici.

• ORJALES, Isabel (2005), *Déficit de atención con hiperactividad: manual para padres y educadores*, Madrid, CEPE.

• PARKER, S. y ZUCKERMAN, B. (1996), *Pediatría del comportamiento y del desarrollo: manual para la asistencia primaria*, Barcelona, Masson.

• PEDREIRA, J. L. (1995), *Protocolos de salud mental infantil para la atención primaria*, Madrid, ELA.

• TREPAT, Esther y VALLE, A. (1998), Temperamento infantil: concepto y evaluación, *in* Doménech– Llaberia, Edelmira: *Actualizaciones en psicopatología infantil II*, Barcelona, Universidad Autónoma de Barcelona.